新零售时代电商实战

网店美工实操

崔恒华 编著

U0837689

電子工業出版社
Publishing House of Electronics Industry
北京•BEIJING

内容简介

随着电子商务广泛地深入人们的现实生活中，越来越多的人将创业的目光瞄准了网络开店，尤其是一些年轻人更视其为就业的另一条出路。如今网购市场日益火爆，各类网店如雨后春笋般涌现。为了在日趋激烈的竞争中脱颖而出，网店掌柜纷纷装点门面，以夺人眼球，于是网店装修逐渐走俏。虽然无须日晒雨淋，只要轻点鼠标就能完成工作，但是这个行业的竞争也很激烈，网店装修师也需要掌握网店页面的配色、页面布局设计和装修的基本知识。

本书涵盖装修基础、页面设计、图片设计、无线端店铺视觉呈现和视觉优化等内容，实用性强，能帮助读者快速掌握网店美工秘籍。本书共10章，主要内容包括网店设计装修入门基础、商品照片拍摄基本方法、让客户心动的视觉优化、网店页面配色技巧、商品图片的处理、特效文字和常用图片设计、设计精美的店标和店招、页面设计、设计店铺促销广告和无线端店铺设计装修。

本书适合想在网上开店的店主；已在网上开店，但想提高店铺销售业绩的店主；大、中专职业院校设计专业的学生和社会职业培训的相关学生；想从事网店美工岗位，但缺乏行业经验和实战经验的读者。

未经许可，不得以任何方式复制或抄袭本书之部分或全部内容。
版权所有，侵权必究。

图书在版编目（CIP）数据

网店美工实操 / 崔恒华编著. —北京：电子工业出版社，2018.7

（新零售时代电商实战）

ISBN 978-7-121-34550-0

Ⅰ. ①网… Ⅱ. ①崔… Ⅲ. ①网店－设计－教材 Ⅳ. ①F713.361.2

中国版本图书馆CIP数据核字（2018）第133193号

责任编辑：牛　勇　　　特约编辑：赵树刚
印　　刷：北京富诚彩色印刷有限公司
装　　订：北京富诚彩色印刷有限公司
出版发行：电子工业出版社
北京市海淀区万寿路173信箱　　邮编：100036
开　　本：787×980　1/16　印张：14.5　字数：324.8千字
版　　次：2018年7月第1版
印　　次：2019年8月第3次印刷
定　　价：79.00元

凡所购买电子工业出版社图书有缺损问题，请向购买书店调换。若书店售缺，请与本社发行部联系，联系及邮购电话：（010）88254888，88258888。

质量投诉请发邮件至 zlts@phei.com.cn，盗版侵权举报请发邮件至 dbqq@phei.com.cn。

本书咨询联系方式：010-51260888-819，faq@phei.com.cn。

前　言

虽然网上店铺有很多，但是有相当一部分店铺的销量非常低，低到几天甚至半个月才能卖出一件商品。这种情况的出现一般源于店铺的设计装修等工作不到位。

在网上开店，也要把门面装修得漂亮一些才能吸引客户，第一印象对于人的认知会产生相当大的影响。逛街购物也是如此，装修靓丽且富有特色的门店可以给人舒畅的购物心情，客户下单自然会爽快一些。倘若店铺的装修毫无特色，货品堆放毫无秩序，相信你的购物欲望也会大打折扣，甚至有了赶快离开的心理。而对于网络店铺来说，装修更是店铺兴旺的制胜法宝。对于商品的任何信息，客户只能通过网店页面来获得，所以更要在美观上下一番功夫。一般来说，经过设计装修的网络店铺更能吸引客户的目光。

本书主要内容

目前市场上关于网店美工的书有很多，但多数只讲述按钮的设计、店标的设计、宣传公告的设计等内容。翻开本书目录，你会发现本书并不是一本仅仅讲解网店美工的图书，其中还有大量关于商品拍摄、页面布局、页面视觉设计、页面配色、无线端店铺装修等方面的知识，可谓“一书在手，网店设计装修无忧”。

本书共 10 章，主要内容包括网店设计装修入门基础、商品照片拍摄基本方法、让客户心动的视觉优化、网店页面配色技巧、商品图片的处理、特效文字和常用图片设计、设计精美的店标和店招、页面设计、设计店铺促销广告和无线端店铺设计装修。

本书特色

- 一般的网店美工图书只讲述了网店装修技术的使用，如设计店标、设计分类按钮、设计广告栏等。而网店装修的技术含量并不高，一般只需精通制图软件就可以胜任。如果要彰显独特个性，那么最重要的还是要懂得灵感和色彩的运用，这样才能获得稳定的客源。
- 通过分析实际的设计案例，帮助大家了解商品页面设计的趋势，以及流行的设计技术。并且详细讲解了商品页面的制作方法，让您赶上最新的设计潮流。
- 全面。本书首先讲述了网店设计装修所需的知识，接着讲述了页面的布局与视觉元素设计、页面色彩搭配、商品图片的处理、普通店铺的装修和无线端店铺的装修。
- 实用。本书汇集了作者多年的网店设计与装修经验，涵盖了开店过程中遇到的许多细节问题。

本书适合读者

本书不仅适合想在网上开店、进行网上创业的读者阅读，也适合正在经营网店，想通过网店的整体包装提升店铺档次、将生意做大的读者阅读，同时也适合从事网店设计与网店装修的专业人员阅读。

本书的编者中既有具有多年网店设计装修经验的人员，又有精通网页设计与网站建设的人员，包括孙东云、邓静静、孙素华、徐洪峰、王冬霞、刘桂香、何海霞、葛俊科、葛俊彬、孙起云、吕志彬、孙良军等。由于作者水平有限，加之创作时间仓促，本书不足之处在所难免，欢迎广大读者批评指正。

目　录

第 1 章 网店美工设计入门基础

本章指导

网店美工是网上开店过程中一个至关重要的环节，可以美化店铺，使店铺获得更多的视觉销售力，从而创造出巨大收益。网店美工带给网络店铺的不仅是美观，更多的是创造出了一个精美的店铺形象，给客户一种强烈的吸引力，刺激其购买欲望，从而提升销售业绩。

1.1 初步了解网店美工

网店美工的目的在于创造更多的销售额，为网店带来更多的流量和属于店铺的忠实客户。所以网店美工应该是建立在这个目的之上的，否则只是使图片更精美了，并不能带来收益，那么就会变得毫无价值和意义。

1.1.1 什么是网店美工

网店美工可以理解为类似实体店铺的装修，店铺漂亮才能吸引客户前来购物甚至多次消费。对于网店来讲，一个好的店铺设计至关重要，毕竟客户只能通过网上的文字和图片来了解店铺、了解产品，所以店铺漂亮能增加客户的信任感，甚至还能对店铺品牌的树立起到关键作用。网店美工就是在淘宝、京东等网店平台允许的结构范围内，尽量通过图片、程序模板等让店铺更加美观。

在网上开店，也要把门面装修得漂亮一些，这样才能吸引客户。人作为视觉动物，第一印象会对其认知产生相当大的影响。逛街购物也是如此，装修靓丽且富有特色的门店使人们的购物心情更舒畅，客户下单的时候自然会爽快一些。倘若店铺的装修毫无特色，货品堆放毫无秩序，相信你的购物欲望也会大打折扣，甚至有了想赶快离开的心理。而对于网店来说，视觉更是店铺兴旺的制胜法宝，商品的任何信息客户都只能通过网店页面来获得，所以更要在美观上下一番功夫。一般来说，经过美工设计的网店更能吸引客户的目光。

1.1.2 怎样确定网店的风格

和传统实体店的经营模式一样，店铺风格直接体现在店铺视觉的风格上。网店风格是指网店界面带给客户的直观感受，即客户在浏览的过程中所感受到的店主品位、艺术氛围、人的心境等。在经营网店的过程中，应该让网店的格调最大限度地符合大众的审美观念，赢得客户的第一好评。

1. 确定主色调

主色调不是随意选择的，而是要认真分析自己产品品牌受众人群的心理特征，找到这部分群体易于接受的色彩。比如男装店铺的消费群体大多是男性，因此男装店铺的视觉色调更倾向于黑、灰、白这样的冷色调。当色彩确定之后就要持续使用下去，如果在后期的运营过程中感觉开始的定位不是很准确，则可以适当做一些调整。如图 1-1 所示为男装店铺的主色调。

图 1-1　男装店铺的主色调

2. 确定搭配辅助色

在确定了店铺主色调后，下一步就是寻找合理搭配的辅助色。要靠辅助色来进行衬托，让整体的风格不偏离这种色调，同时又不会感觉到压抑。在页面配色上要将主色调的影响力发挥到极致，辅助色只能起辅助作用，不可过多，以免喧宾夺主。

众所周知，红色是与喜庆相关的颜色，给人以节日喜庆的感受，因此红色常常被用于与节日有关的网店。红色和黄色搭配起来会给人一种很强的视觉冲击感，这两种颜色的搭配热烈而健康。如图 1-2 所示的网店，其主色调为红色，辅助色为黄色。红色和黄色都属于颜色中的暖色系，二者的搭配在很多方面都有运用。比如，在温暖颜色搭配时，这两种颜色往往会被作为首选颜色进行布局搭配，其效果十分出众，能被多数人认可并接受。

图 1-2 搭配辅助色

1.2 网店美工必须注意的问题

在网上可以看到，很多卖家的店铺非常漂亮，有些卖家甚至找专业人士设计视觉。而面对形形色色的店铺装修行为，稍不留神就走入了误区。下面介绍网店美工必须注意的问题。

1. 要有一个清晰的思路

店铺的特色是什么？主营什么？目标客户是哪些？首先要有一个明确的思路，这是最关键的，也就是俗话说的要有一个“大框架”。

2. 店铺名称过于简洁

有的掌柜相信简单就是美，店铺名称取得很简洁，就几个字。殊不知，对于店铺名称，30 个字的编辑限度是很重要的。比如主营话费充值的网店，店铺名称是“话费点点充”，客户使用关键词“充值”“话费充值”进行搜索，通常无法搜索到你的店铺。

小提示：

在为店铺取名时，要充分利用好 30 个字。因为很多人会利用搜索店铺这种方法来对宝贝进行搜索，所以店铺名称中应尽量包含更多的宝贝关键词。

3. 栏目分类太多

这也是一个非常大的误区。有些店铺的商品分类多达上百种。也许你会说店铺经营的商品多，必须这样分类。但是你要知道，分类是为了让客户一目了然地找到他需要的商品，分类这么多，一屏都显示不完，谁会愿意去仔细找你的分类？在如图 1-3 所示的店铺中，左侧的栏目分类太多，而且杂乱无序，客户怎能快速地找到所需的商品呢？

图 1-3　栏目分类太多

4. 存放图片的空间服务器速度太慢

去测试一下你存放图片的空间服务器速度是否正常、服务器是否有区域限制。不同的 ISP 提供商提供的服务器，其访问速度是完全不同的，甚至会出现打不开的现象，那么客户也许就看不到店铺的公告和分类。如果客户甚至看不得产品介绍里的图片或产品介绍模板页面，那么情况会更加糟糕。

5．宝贝名字过长

将宝贝名字、分类名字取得很长，这样做的好处是被搜索到的可能性增大。但过长的宝贝名字将无法在列表中完整显示。还有一些卖家为了引起客户的注意，在名字中加上一长串其他符号，殊不知客户不会真正关心这些内容。把宝贝的特性、使用范围等表述清楚，再加入适当的广告词，就可以了。

6．店铺视觉的色彩搭配

有些卖家会把店铺的色彩搞得鲜艳华丽，把界面设计得五彩缤纷。色彩搭配总的原则应该是"总体协调，局部对比"，也就是网店页面的整体色彩效果应该是和谐的，只有局部的、小范围的区域可以有一些强烈的色彩对比。在色彩的运用上，可以根据网店的需要来采用不同的主色调。店铺的产品风格、图片的基本色调、公告的字体颜色最好与店铺的整体风格对应，这样设计出来的整体效果和谐统一，不会让人感觉杂乱。如图 1-4 所示为色彩搭配合理的店铺。

7．寻找合适时机

合适的视觉设计时机有店庆日、新产品推广，或者店主有时间配合等。把店铺视觉交给别人了事，自己做"甩手掌柜"，这是绝对不行的。就像传统的室内装修一样，主人是要费心的，全部交给装修公司的结果一般不会达到自己的预期，因为毕竟只有店主最了解自己的网店。

8．页面设计过于复杂

店铺视觉切忌繁杂，不要把店铺设计成门户类网站。虽然把店铺设计成大网站看上去比较有气势，使人感觉店铺很有实力，但却影响了客户的使用，他要在这么一间繁杂的店铺里找到自己想要的商品，不看得眼花才怪呢！所以说，不是所有可设计的地方都要设计或者必须设计，个别地方不设计反而效果更好。总之，要让客户在进入店铺以后能够较便利地找到自己所要购买的商品，能够快捷地看清商品的详情。

9．注重用户体验

你首先应该想到的是，客户到店里来，店里的布局是否一目了然？如果客户找了半天也找不到自己想买的商品，那怎么能留住潜在的客户呢？所以，无论是店铺栏目的安排还是推荐商品的设置，每一步设计都要考虑到用户体验。

图 1-4 色彩搭配合理的店铺

1.3 美工工作准备

网店美工在网店运营过程中不可或缺，一家优秀的网店不仅要有高质量的商品，更要获得美工等的支持。

1.3.1 美工需要掌握的软件

网店美工主要负责网店的视觉，以及图片处理方面的工作。与普通的美工相比，网店美工对于平面设计软件的要求更高。做网店美工需要掌握哪些软件呢？

1. Photoshop 是基础

Photoshop 是世界顶尖级的图像设计与制作工具，可以用来对图像进行加工处理，以及运用一些特殊效果，其重点在于对图像的加工处理。

Photoshop 是所有设计软件中最基础的软件，因其简单的界面、强大的图片处理功能而越来越受到大家的喜爱。想要成为一名合格的美工，就必须熟练掌握处理图片的技能，因为图片的美观度会直接影响网店的销量。在网络的虚拟环境下，人们是触摸不到真实的商品的，只能通过图片、动画或者小视频来判断该商品是不是自己想要的，所以美工的工作非常重要。如图 1-5 所示为 Photoshop 的操作界面。

图 1-5　Photoshop 的操作界面

2. Dreamweaver

在网店美工设计时，除了要学会使用 Photoshop 设计、处理图像，还需要掌握网店页面的排版软件 Dreamweaver。网店中打开的页面被称为网页，和网页相关的软件 Dreamweaver 也是一名网店美工需要掌握的，但只需掌握 Dreamweaver 的表格排版、链接和基础代码等功能即可。Dreamweaver 的操作界面如图 1-6 所示。

图 1-6　Dreamweaver 的操作界面

3. 光影魔术手——简单、方便的修图工具

如果你不是图像处理方面的专业人士，而且对 Photoshop 的操作不是那么驾轻就熟，那么这款简单、实用的图像处理软件——光影魔术手可以帮助你完成对数码图片画质及效果的处理。光影魔术手能够满足照片后期处理的绝大多数需要，其批量处理功能非常强大。

光影魔术手是一款非常流行、易用的图片美化工具，有着众多用户。如今光影魔术手 3.1 正式版已经发布，在安装并使用后，会带给用户全新的体验，除了界面有所优化，还实现了很多大家期待已久的实用功能。

如图 1-7 所示为光影魔术手的操作界面。光影魔术手 3.1 对界面做了很大的革新和优化，更易使用，更具亲和力，有着更好的交互效果；改变了右栏 Tab 展示方式，增强了右栏操作功能；对数码暗房类操作给出了直观的展示方式；工具栏增加了许多按钮，并允许用户将更多的功能按钮添加到工具栏中，操作起来更加方便。

图 1-7 光影魔术手的操作界面

4. Illustrator

Illustrator 是一款操作矢量图的代表软件，经常被用来制作企业的 UI 和网店标志。网店标志也是网店不可缺少的一部分，所以学习一下矢量图处理软件的使用，会使得网店美工更能胜任工作。

1.3.2 网店美工的主要工作内容

网店美工主要负责哪些工作呢？

1. 网店视觉

网店视觉必须由美工来完成。美工不但要处理图片，在设计上也要有独特的见解。

2. 图片处理

拍摄出来的宝贝图片一般是不能直接使用的。为了让客户感到赏心悦目，网店美工通常需要运用图片处理软件对宝贝图片做一些局部处理，美化图片，以吸引客户。需要谨记的是，网店美工不是单纯的艺术家，客户能够接受你的商品才是最重要的。

（1）根据需要对商品的拍摄原图进行美化。

（2）适当添加文字描述，但不要过多地插入广告，导致客户厌烦。

3. 促销海报

在不同的时期，网店都会推出一些活动，比如优惠券、满就送等，这些活动需要通过促销海报来吸引客户。如图 1-8 所示为某网店在春节前的促销海报。

图 1-8　某网店在春节前的促销海报

4. 内容编辑

在上传商品以后，需要对商品添加一些文字说明，这就需要美工去设计与完善。

5. 协助运营做好日常推广、活动页面设计

（1）标题设计明确，契合活动主题。

（2）页面美观，符合大众审美，对客户产生吸引力。

6. 通栏广告设计

（1）大小适度，根据需要占据版面。

（2）颜色对比鲜明，冲击力强，使人印象深刻。

（3）通栏广告内容简洁明确，让人轻松理解广告内容。

通栏广告要及时、有效地向客户表达出设计意图，不但要有视觉上的冲击力，软文的编写也需要言之有物，让客户能够快速地理解。如图 1-9 所示为通栏广告。

图 1-9　通栏广告

1.3.3　搜集常用素材

网店美工用到的所有图片都要依靠素材完成，因此，需要提前搜集大量的素材。这些素材可以在网络上搜集，如在百度中搜索“素材”一词，就会在搜索结果中显示很多素材网站，如图 1-10 所示。在不涉及版权的情况下，这些图片素材都可以下载使用。打开其中一个提供素材的网站，即可看到很多素材。找到合适的素材保存在本地计算机中，供店铺视觉设计时使用。

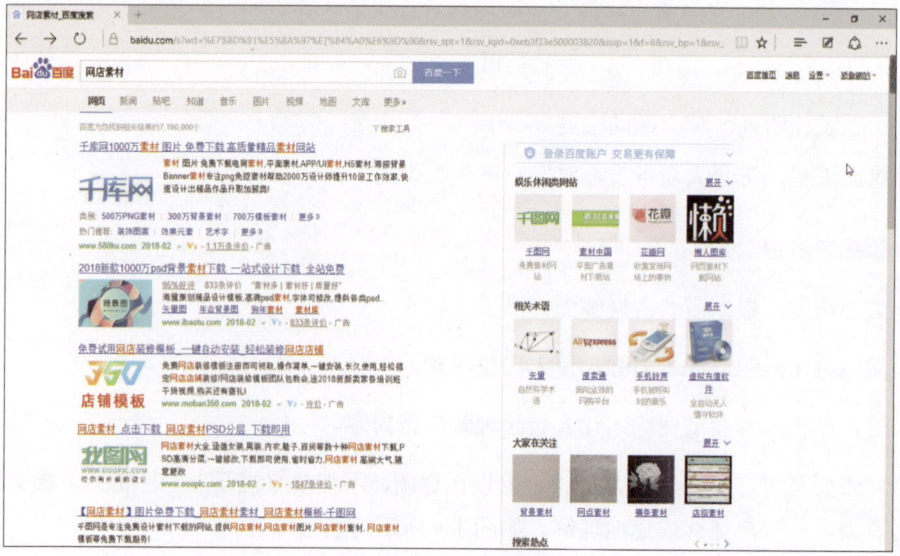

图 1-10　搜索素材

此外，也可以购买一些素材图库，如图 1-11 所示。素材越丰富、越全面，设计时越容易。

图 1-11　购买素材

1.4　上传发布

图片需要上传发布后才能被客户看到。很多卖家在上传图片之前，都会先对图片进行切片处理。

1.4.1　图片切片流程

研究表明，用户最满意的打开网页的时间为 2 秒以内，用户能忍受的最长等待时间为 6 ～ 8 秒，也就是说 8 秒是临界值，如果你的网站打开速度在 8 秒以上，那么很可能大部分访问者最终都会离你而去。如果等待 12 秒以上，网页还是没有被载入，那么 90% 的用户会关闭这个网页，不再等待。

如图 1-12 所示，这是一家网店的描述页，美工设计好图片后，将整张 2.24MB 的图片上传发布，打开页面需要 1 分钟；而在切片后，每张图片大小在 120KB 以下，只需 2 秒就打开了。可见，除网速因素外，图片大小也是影响页面打开速度的主要因素。页面打开速度快，跳失率自然就会降低。

图 1-12　网店的描述页

现在我们来认识一下切片。打开 Photoshop CC 软件，在工具箱中找到切片工具，如图 1-13 所示。

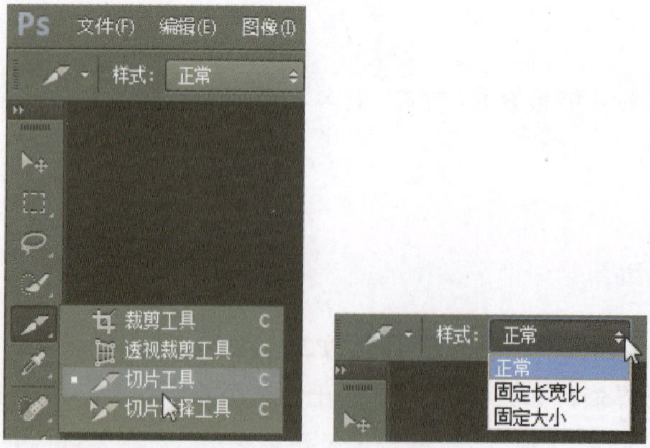

图 1-13　切片工具

第一种切片方法：

（1）打开一张需要切片的素材图片，并选中切片工具，如图 1-14 所示。

（2）在图片上单击鼠标右键，在弹出的快捷菜单中选择“划分切片”命令，如图 1-15 所示。

（3）根据图片布局，设置水平划分和垂直划分，如图 1-16 所示。

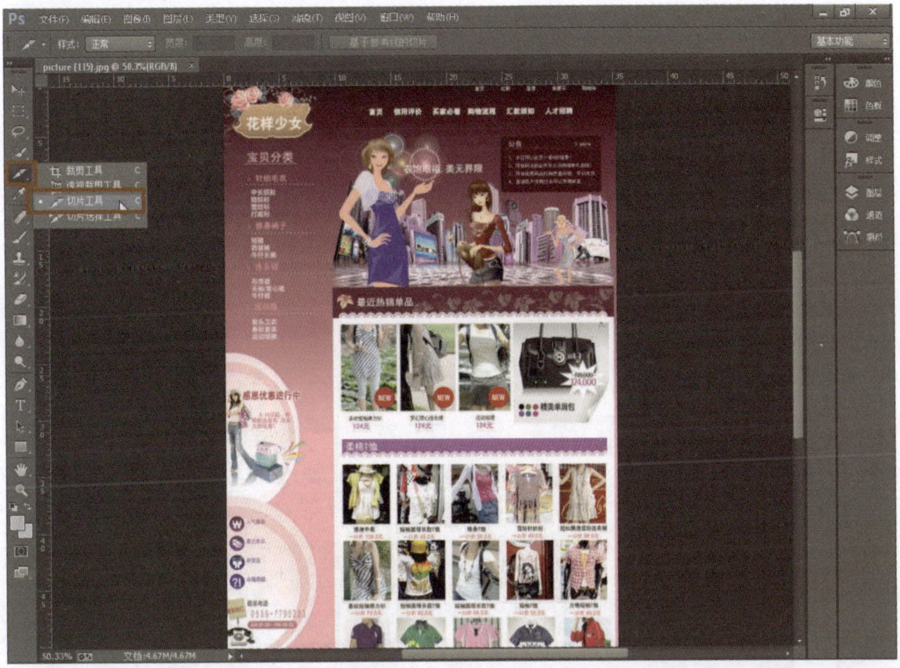

图 1-14　打开素材图片

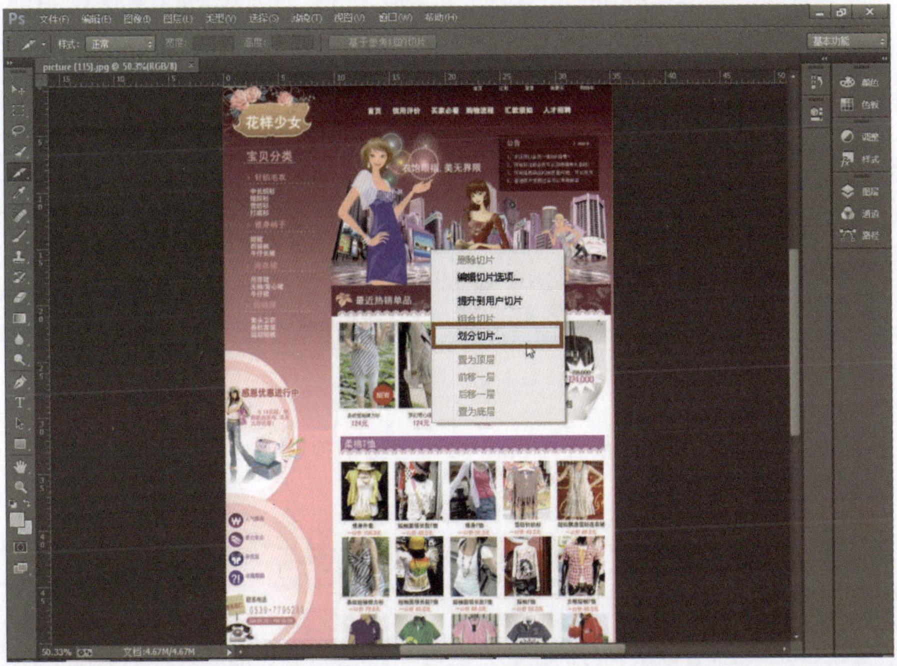

图 1-15　选择“划分切片”命令

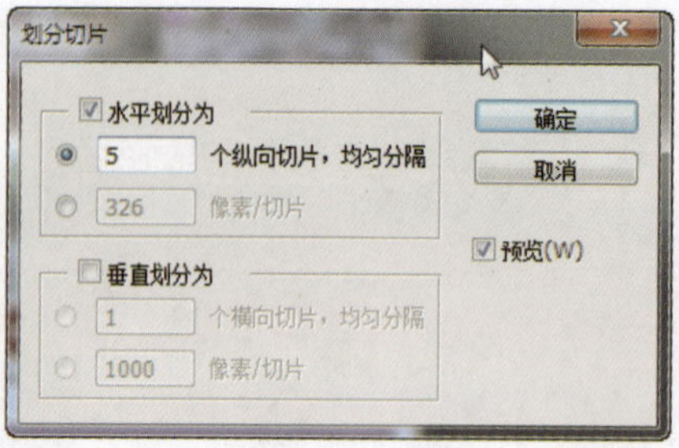

图 1-16 设置水平划分和垂直划分

（4）图中切片编号 01 和 02 是一个整体，需要组合成一个切片，如图 1-17 所示。

图 1-17 图片切片

（5）选择“切片选择工具”，或者按 Shift+C 组合键切换到切片选择工具，按住 Shift 键选中切片 01 和 02，如图 1-18 所示。

（6）单击鼠标右键，在弹出的快捷菜单中选择“组合切片”命令，即可完成切片组合，如图 1-19 所示。

（7）切片组合完成后，有数字编号的蓝色方框为一个切片，导出后成为一个个独立的图片文件，如图 1-20 所示。

图 1-18　选中切片

图 1-19　组合切片

图 1-20　有数字编号的蓝色方框为一个切片

（8）选择“文件”|“存储为 Web 所用格式”命令，或按 Alt+Shift+Ctrl+S 组合键，将切片文件存储为 Web 所用格式，如图 1-21 所示。

（9）选择保存位置，设置好文件名、格式（HTML 和图像），“设置”选择“默认设置”，“切片”选择“所有切片”，单击“保存”按钮，如图 1-22 所示。

打开保存后的切片文件夹，就可以看到切片后的单独图片，如图 1-23 所示。

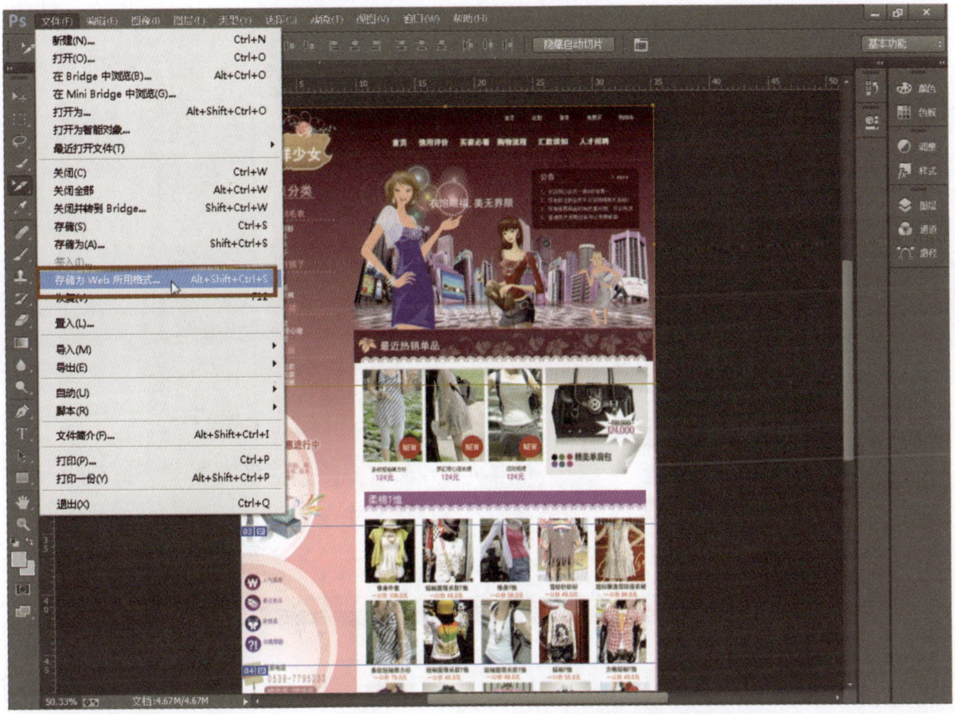

图 1-21　将切片文件存储为 Web 所用格式

图 1-22　保存切片设置

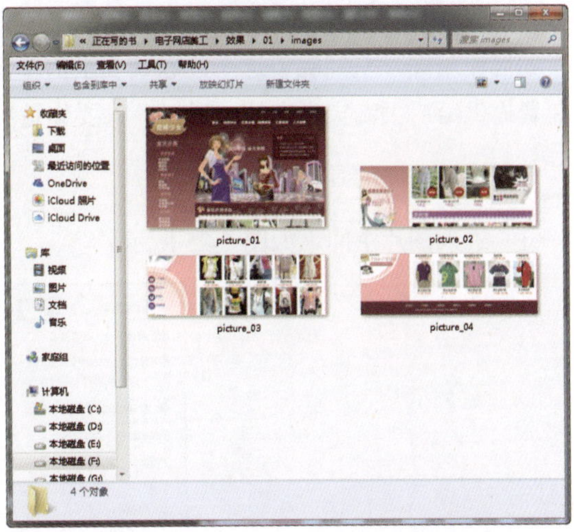

图 1-23　查看切片后的单独图片

第二种切片方法：常规切片。选择切片工具，逐个框出切片的范围，如图 1-24 所示。在框选切片的过程中注意不要有切片交叉或空隙出现。切片完成后，存储为 Web 所用格式。

图 1-24 常规切片

1.4.2 图片空间的使用

如何使用图片空间呢？这个问题其实很简单，首先要进入你的图片空间，这个图片空间是淘宝免费提供给广大淘宝卖家的，所以，只要你是淘宝卖家，就有一个自己的图片空间。

使用图片空间的具体步骤如下。

（1）进入图片空间，如图 1-25 所示。

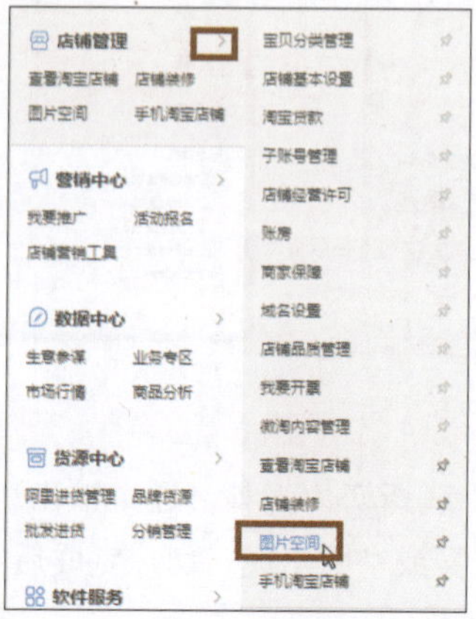

图 1-25 进入图片空间

（2）设置图片分类，选择图片上传，如图 1-26 所示。

图 1-26　选择图片上传

（3）设置图片存储目标文件夹，然后上传图片，如图 1-27 所示。

图 1-27　上传图片

第 2 章 商品照片拍摄基本方法

本章指导

为什么有的店铺有着不错的商品，网店浏览量也不在少数，可偏偏不能成交呢？其实开网店，最重要的就是图片。一张图片就好比商店的“橱窗”，起到了直接与消费者沟通的作用。在网店经营中，一张好图片不仅赏心悦目，更会引爆点击率，大面积提升店铺浏览量。但缺少摄影经验的“掌柜”又如何让自己快速成为“摄影高手”呢？本章将介绍使用数码相机拍照的技巧，在理念渗透中融合案例演练，让你从“菜鸟”一跃成为“摄影高手”。

2.1　使用数码相机拍摄商品

也许你没有拍摄商品的经验，也没有专业摄影所需要的高档相机，但这没有关系，即使使用普通的家用数码相机，再配合一点拍摄技巧，同样可以拍摄出出色的商品图片。

2.1.1　室内拍摄场景布置

要拍摄一张成功的商品照片，除了数码相机本身的功能，人为地创造辅助拍摄条件也很重要，下面就将介绍拍摄场景的布置。

1. 为什么要布置场景

在室内拍摄商品和在专业摄影棚里拍摄商品有很大的区别。第一，室内拍摄环境复杂，背景杂乱，需要花费不少力气处理。第二，没有专用的工作台，开展工作不方便。第三，缺少必要的专用拍摄工具，需要找到合适的代用品。

布置场景的过程就是解决拍摄前所遇到困难的过程，以便为商品创建最佳的拍摄环境。只有懂得开动脑筋思考的人，才能达成如期目标。如图 2-1 所示为没有布置场景拍摄的杂乱无章的照片，如图 2-2 所示为布置好场景拍摄的照片。

图 2-1　没有布置场景拍摄的杂乱无章的照片

图 2-2　布置好场景拍摄的照片

2. 使用反光板布置场景

反光板是我们常用的补光设备。常见的是金银双面可折叠的反光板，携带方便。同时，这种反光板的反光材料的反光率比较高，光线强度大，光质适中，适用于多种主体摄影。不过这种便携性反光板在使用的时候需要一个人配合。反光板还可以改变主体的色温，比如用金色反光板，在某些情况下可以使主体更加突出。在淘宝上有很多出售反光板的商家，一般价格在几十元左右，如图 2-3 所示。

图 2-3　淘宝上出售的反光板

3．使用墙纸或背景布布置场景

生活中能够用于布置场景的材料有很多，要开拓思路寻找各种道具。例如，美化家居用的花纹墙纸非常适合用来充当小型商品照片的背景画，通常装饰市场就有大量的墙纸专卖店。如图 2-4 所示为使用精美墙纸布置场景的效果。也可以使用背景布或背景纸，感觉很干净，也能突出主体，如图 2-5 所示。

图 2-4　使用精美墙纸布置场景

图 2-5　使用背景布布置场景

4．使用摄影棚

摄影棚主要用来拍摄一些小商品，如小型数码产品、护肤品等。用户可以在摄影棚的左、右、上和后方对商品进行投光，当光线透过摄影棚投射到商品上时，光线就会变得很柔和，有助于拍摄出精美的照片。如图 2-6 所示为淘宝上出售的简易摄影棚。

图 2-6　淘宝上出售的简易摄影棚

2.1.2　不同角度光线效果变化

光线方向指光源位置与拍摄方向之间所形成的光线照射角度。光源位置和拍摄方向两者之一有所改变都可以认为是光线方向的改变。光线方向在立体空间中的变化是十分丰富的。光线方向是景物造型的主要条件。

1．顺光（正面光）

如果大部分光线从正面照亮被摄体，则称为顺光。我们在拍证件照时面前有左、右两只大灯，就是典型的顺光。用数码相机上的闪光灯进行拍摄，基本上也是顺光。顺光的特性在于可以均匀地照亮被摄体，被摄体的阴影被自身遮挡，影调比较柔和，能隐没被摄体表面的凹凸及褶皱，但处理不当会比较平淡。这种光线不擅长突出被摄体的质感和轮廓，在色调对比和反差上也不如侧光、侧逆光丰富。如图 2-7 所示为使用顺光拍摄物品的效果。

2. 侧光

如果光线从被摄体的侧面照射过来，则称为侧光。与顺光的特性基本相反，受侧光照明的物体有明显的阴暗面和投影，对物品的立体形状和质感有较强的表现力。如图 2-8 所示为使用侧光拍摄物品的效果。

图 2-7　使用顺光拍摄物品的效果

图 2-8　使用侧光拍摄物品的效果

3. 逆光（背面光）

如果光线从被摄体的后面照射过来，就是逆光。在逆光照射条件下，层次分明，能很好地表现大气透视效果。在拍摄全景时，往往采用这种光线，使画面获得丰富的层次。

逆光包括全逆光和侧逆光两种。从光位来看，全逆光是对着相机、从被摄体的背面照射过来的光，也称“背光”；侧逆光是从相机左、右 135° 左右的后侧面射向被摄体的光，被摄体的受光面占 1/3，背光面占 2/3。从光比来看，被摄体和背景处在暗处或 2/3 面积在暗处，因此明与暗的光比大，反差强烈。从光效来看，逆光对不透明物体产生轮廓光，对透明或半透明物体产生透射光，对液体或水面产生闪烁光。

逆光拍摄产生的轮廓光能够勾勒出拍摄对象的轮廓，起到与背景分离、进一步塑形的目的。在对象的形状边缘形成明亮的亮线，能够渲染所要表达的气氛，丰富和活跃画面。特别是拍摄透明或半透明的物体，如花卉、植物枝叶等，逆光为最佳光线。这是因为，一方面，逆光照射使透光物体的色明度和饱和度都能得到提高，使顺光下平淡无味的物体呈现出美丽的光泽和较好的透明感；另一方面，逆光照射使同一画面中的透光物体与不透光物体的亮度差明显拉大，大大增强了画面的艺术效果。如图 2-9 所示为使用逆光拍摄物品的效果。

4. 顶光

将光源置于商品顶端打光，可以称为“顶光”，这种光线布置法可以起到淡化被摄体阴影的效果。打顶光的照明器材以散发柔和的光线为主；反之，被摄体顶部将出现明暗反差强烈的效果，严重影响商品照片的美感。如图 2-10 所示为使用顶光拍摄物品的效果。

图 2-9　使用逆光拍摄物品的效果

图 2-10　使用顶光拍摄物品的效果

5．脚光

脚光是指自下而上照射人物或景物的光线。在前方的称为前脚光，这种造型的光线会形成自下而上的投影，产生非正常的造型，常被用作表现画面中的光源，如油灯、台灯、篝火等自然照明效果。

2.1.3　自动对焦

数码相机有两种对焦方式，分别为自动对焦和手动对焦，如图 2-11 所示。当镜头的对焦方式位于 AF 档时，表示相机处于自动对焦模式；当镜头的对焦方式位于 MF 档时，表示相机处于手动对焦模式。

现在市场上几乎所有的数码相机都配备了自动对焦功能，大家在拍摄照片的时候基本上都会使用该功能。在绝大多数情况下，自动对焦都可以满足我们的需要，得到一张焦点清晰、对焦准确的照片。在数码相机中，自动对焦又包括三种方式：单次自动对焦、连续自动对焦和智能自动对焦。

采用智能自动对焦模式，在半按快门对主体对焦后，即使主体发生移动，数码相机也可以自动进行跟踪。也就是说，数码相机可以根据主体在对焦过程中是否运动，自动应用单次自动对焦或连续自动对焦功能。如图 2-12 所示，小狗正在蹲着休息，选用智能自动对焦模式，即使它由静止状态突然运动，也能很好地锁定被摄体。

图 2-11　对焦方式

图 2-12　智能自动对焦

2.1.4　微距功能与细节展示

对数码相机来说，即使很多低端的普通家用数码相机，也都配置了微距、甚至超微距功能，虽然与专业的微距拍摄无法相比，但会让你一试微距世界的美丽。微距世界很美丽，因为微距可以放大微观世界，获取我们日常视觉看不到的东西，所以更具视觉冲击力。

近拍小型物品向来是普通家用数码相机的优势。只要懂得利用“微距”功能，就有机会拍出背景强烈虚化的效果。对拍摄单体商品而言，虚实分明的表现手法既简单又有效。在拍摄时开启数码相机微距功能，尽量靠近被摄体，然后按下快门即可。如图 2-13 所示为使用数码相机微距功能拍摄的商品细节图片。

图 2-13　使用数码相机微距功能拍摄的商品细节图片

2.1.5　曝光补偿

有拍摄经验的人都知道，光线对拍摄质量而言举足轻重。由于所拍物体处于不同的环境光线下，因此，如何正确控制曝光至关重要。闪光灯、反光板等自然非常有用，但正确、恰当地使用曝光补偿功能则是另一种有效的途径。现在的数码相机普遍提供了曝光补偿功能，它可以在一定程度上改善数码相机因测光不准确而引起的曝光不足或曝光过度，也可以根据拍摄者的意图创造出具有特殊艺术效果的作品。

曝光补偿可以在 ±2 之间以 1/3 级为单位进行调节，如图 2-14 所示，当曝光标志处于中间位置时，表示当前设置为标准曝光量，未进行曝光补偿。将曝光标志向左调节，则减小曝光补偿；将曝光标志向右调节，则增加曝光补偿。

图 2-14　曝光补偿

在进行曝光补偿的时候，如果照片过暗，则要增加曝光值，曝光值每增加 1.0，相当于摄入的光线量增加 1 倍。需要增加曝光量的原则如下。

（1）当你在一个很亮的背景前拍摄的时候，比如向阳的窗户前、逆光的景物等，需要增加曝光量。

（2）当拍摄环境比较昏暗，需要增加亮度，而闪光灯又无法起作用时，可对曝光进行补偿，适当增加曝光量。

（3）为了表现雪景晶莹剔透的气质，在拍摄时需要以雪作为测光基准，使用点测光的方式对雪面测光，并在此基础上增加 1 ～ 2 档的曝光补偿。

（4）在拍摄人物时，为了使人物的脸部更加白皙，多采用直接对脸部测光并增加曝光值的方法，在一般环境下会使脸部看起来更加通透。如果再配合反光板等辅助器材的使用，则效果将更加明显。

（5）在阴天和大雾的时候，环境仍然是明亮的，但是实际物体的亮度明显不足，如果不增加曝光量则可能造成照片昏暗，适当地增加曝光量（0.3 ～ 0.7 档）可以使景物亮度更加自然。

（6）在某些艺术摄影中，比如拍摄高调的照片，需要增加曝光量，形成大对比度的效果，以便更好地表现拍摄者的拍摄意图。同样地，有时需要刻意降低照片的亮度，就应减少曝光量。

2.1.6 白平衡

白平衡就是通过图像调整，使在各种光线条件下拍摄出的照片色彩和人眼所看到的景物色彩完全相同。现在数码相机白平衡的调整一般具有 4 ～ 5 种模式，因厂家的不同而稍有差异，但差别不大。佳能数码相机白平衡的调整一般分为自动、白天、阴天、白炽灯、荧光灯等模式。

在拍摄商品前要对数码相机进行手动白平衡设置，以便拍摄出来的照片不偏色，尽可能还原物体的真实色彩。偏色的照片会打消客户的购买欲望，因为这样的照片使物体看起来像二手商品。

在手动调节白平衡前需要找一个白色参照物，如纯白的纸。有些数码相机具有自定义白平衡功能，只要对着白纸就可以进行白平衡的调整了。

操作过程大致如下：

（1）把数码相机变焦镜头调到最广角（短焦位置）。

（2）将白纸放置好。

（3）将白平衡调到手动位置。

（4）先将白纸对着天空，再将镜头对着白纸，注意白纸不要遮挡，然后慢慢调到长焦，直到白纸充满屏幕。

（5）按一下白平衡调整按钮直到取景器中的手动白平衡标志停止闪烁，这时白平衡即调整完成。这样拍摄出的商品照片色彩就很准确了。

如图 2-15 所示为没有调整白平衡拍摄的照片，如图 2-16 所示为定义白平衡后拍摄的照片。

图 2-15　没有调整白平衡拍摄的照片

图 2-16　定义白平衡后拍摄的照片

通过手动调节白平衡可以获得一些偏色的效果。一般来说，数码相机的白平衡功能能够满足大多数情况的使用，在进行拍摄创作的过程中要不断实践，根据自己相机的特色和拍摄环境加深对白平衡调节的了解，充分利用数码相机的优势拍摄出满意的照片。

2.2　在户外拍摄商品

一般说来，经营网店的卖家为了使自家商品能从众多搜索图片当中脱颖而出，在户外使用真人展示自己的商品是最好的选择。那么，在户外拍摄过程中对于拍摄地点究竟有什么要求呢？

1. 在公园长凳上拍摄

公园随处设立的长凳可以成为理想的拍摄场地。利用公园长凳拍摄商品时，可以先试拍几张找准曝光组合和拍摄角度。在回放检查试拍照片时，可能会列出以下问题：拍摄角度是否需要继续调整；在阳光直射下拍摄的商品是否过曝、欠曝；细节能否展现出来。根据自己的判断调整相机至满意效果，就可以进入正式的拍摄环节了。如图 2-17 所示为在公园长凳上拍摄的照片。

图 2-17　在公园长凳上拍摄的照片

2. 在花草中拍摄

公园里的过道、草丛、花丛都能成为拍摄场景。在公园里，花草植物会比较多，所以在选择拍摄地点的时候要考虑到服装鞋帽及配饰的颜色是否和背景花草相匹配。另外，让模特与背景之间保持一定的距离，将背景虚化，也是不错的选择。如图 2-18 所示为在花草中拍摄的照片。

图 2-18　在花草中拍摄的照片

3. 在树荫下拍摄

在公园里找到一处树荫场景，利用明暗过渡的情景，将商品细节完美地表现出来，如图 2-19 所示。

图 2-19 在树荫下拍摄的照片

4. 在大学里拍摄

在大学里拍摄，首先，可以尝试在照片背景中加入一些学生活动场面，很容易体现出具有校园风的服装鞋帽的特色。其次，大学里的一些大型建筑（比如图书馆、主教学楼）也是不错的拍摄场景，使用镜头广角端拍摄，将大型建筑的线条和模特一并清楚地拍摄下来，也十分具有视觉冲击力。最后，大学里的运动场通常比较空旷，也是很好的拍摄场景。

5. 在酒吧街上拍摄

一般酒吧街的装修都比较有格调，在酒吧街上可以拍出异国风。但要注意背景不要过于杂乱，尽量选择比较单一的背景。如果有相熟的酒吧，则进入里面拍摄也是不错的选择，在无形当中增加了许多时尚元素。一般应选择下午前去，这时店里不会有很多客人，既不会影响店家，也可以获得不错的拍摄环境。但是要注意室内的光线，可以考虑在窗口附近拍摄或者使用闪光灯补光。如图 2-20 所示为在酒吧街上拍摄的照片。

图 2-20　在酒吧街上拍摄的照片

6. 在商场、大型超市里拍摄

在商场、大型超市里可以拍摄一些模特逛街的照片，十分具有都市气息。而且，在商场里面拍摄的照片比较贴近生活，可以给客户十足的亲近感，有利于商品的销售，如图 2-21 所示。在拍摄的时候仍然要注意画面的干净、简洁，尽量不要将不相关的东西拍摄进去。另外，需要注意的是，在这类地方拍摄，因为周围的照明光线比较复杂，有时会因色温而使商品颜色出现偏差，所以尽量不要选择在过于偏黄的光线下拍摄。

图 2-21　在商场里拍摄的照片

2.3 不同材质表面的拍摄方式

各种各样的商品是很难用同一种技术和方法来处理的，每类商品都有其特点，拍摄者必须仔细研究商品的外形、质地及用途，根据广告的创意要求，确定好拍摄器材，给出最佳的布光和构图，并在拍摄过程中进行严格的技术控制，才能取得完美的效果。

如果按物体对光线的作用性质来划分，那么所有的物体可被分成三大类：吸光物体、反光物体和透明物体。掌握这三类物体的拍摄技巧是最为基本和重要的。

2.3.1 吸光类商品拍摄

吸光类物体是最常见的物体，像毛、呢、麻、布料、毛线、裘皮、橡胶、亚光塑料及大部分塑料制品等都属于吸光类物体。如图 2-22 所示为常见的吸光类物体。

图 2-22 常见的吸光类物体

吸光类物体的最大特点是在光线投射下会形成完整的明暗层次，其中，最亮的高光部分显示了光源的颜色；明亮部分显示了物体本身的颜色和光源颜色对其的影响；亮部和暗部的交界部分最能显示物体的表面纹理和质感；暗部则几乎没什么显示。

根据商品表面质感状态的粗细程度来确定用光的光质。虽然被摄体都是吸光体，但却有表面质感非常粗糙和光滑的较大差别，在拍摄布光时应区别对待，其规律是：外表质感粗糙的商品，可采用较硬的光质来拍摄；外表质感光滑的商品，可采用柔和的光质来拍摄。

对于外表质感粗糙的物体，如粗陶、裘皮、铸铁等，在拍摄时可用硬的直射光（聚光灯、闪光灯、太阳光）直接照明，照射方位要以侧光、侧逆光为主，照射角度也要低一些，这样表面凹凸不平的质地会产生细小的投影，能够强化其肌理的表现。如图 2-23 所示为粗陶的拍摄。

图 2-23　粗陶的拍摄

对于外表质感光滑的物体，如部分塑料制品和表面上过油漆的物体等，一般都有光泽，会反射少量定向光线，所以宜用大面积光源来照明。在布光时要注意光源的形状，因为这类物体的高光部分能将光源的形状反映出来。如对于女性化商品或女性专用商品，多用柔和的光质进行布光拍摄。

2.3.2　反光类商品拍摄

反光类商品主要有金银首饰、电镀制品和陶瓷制品等，其最大特点是表面结构光滑如镜，具有强烈的单向反射能力，直射灯光聚射到这种商品表面，会使光线改变，产生强烈的眩光。这类商品一般不会出现柔和的明暗过渡现象。如图 2-24 所示为反光类商品。

图 2-24　反光类商品

我们在拍摄这类商品的时候应该采用柔和的散射光线进行照明，也可以采取间接照明的方法，使用柔光箱、反光板和硫酸纸这类光扩散工具来柔化光线，用反射光来照亮商品。由于平均、柔和的光线能够有效地降低商品表面的反光度，使其色调更加丰富，因而能够表现出光滑的质感。如图 2-25 所示为使用柔光箱柔化光线。

图 2-25 使用柔光箱柔化光线

由于反光物体容易缺少丰富的明暗层次变化，所以，可以将灰色或深黑色的反光板或吸光板放置在这类物体旁，让物体反射出这些色块，以增添物体的厚实感，改善表现效果。在拍摄这类商品的时候应该采用柔和的散射光线进行照明，使其色调更加丰富，从而表现出光滑的质感。

因为反光物体的表面非常光滑，对光线的反射能力也比较强，犹如一面镜子，所以，拍摄反光物体一般会让其出现“黑白分明”的反差视觉效果。反光物体多是一些表面光滑的金属饰品，或者没有花纹的瓷器，要表现出表面的光滑质感，就不能使一个立体面中出现多个不统一的光斑或黑斑，因此最好的方法就是采用大面积照射的光或利用反光板照明，而且光源的面积越大越好。

如图 2-26 所示，拍摄的商品属于反光类商品。在拍摄这类商品时，要注意相机和拍摄者的倒影不要反射到商品的反光面上，否则就会出现黑斑。可以使用大面积的柔光光源来降低商品表面反射的锐度，使商品的色调和层次更加丰富，准确地表现出光滑的表面质感。

图 2-26 拍摄反光类商品

2.3.3　透明类商品拍摄

透明类商品主要指各种玻璃制品和部分塑料器皿等，其最大特点是能让光线穿透其内部，如图 2-27 所示。

在拍摄这类商品的时候要采用侧光、侧逆光和底部光这类生动的照明方式，利用光线穿过透明体时因厚度不同而产生的光亮差别，从而呈现出不同的光感，使其产生玲珑剔透的艺术效果，体现质感。

可以选择在黑背景下表现透明体。在布光时首先要将被摄体与背景分离，可以在被摄体两侧使用柔光箱加光；然后在前方加一个灯箱，则物体上半部分的轮廓也能表现出来，这样透明体将显得格外的精致剔透。如果是盛有带色液体的透明体，为了使色彩不缺少原有的纯度，则可以在背面粘上与外形相符的白纸，从而衬出原有色彩。

在拍摄透明体时，表现物体的透明感并不困难，不管背景是深还是浅，光线总会透过去。但是，对于透明物体光亮感的表现就要利用反射，使之产生强烈的“高光”反光，透明物体的形状则利用光的折射来达到预期效果。

如图 2-28 所示，所拍摄的香水不管是里面盛放的液体还是做外包装的玻璃瓶，都属于典型的透明体，由于光线能轻松地穿过这类透明材质，所以，我们在拍摄这类商品时，一般采用折射光照明，让逆光、侧逆光的光源可以穿过透明体，表现出其精致和玲珑剔透的质感。

图 2-27　透明类商品

图 2-28　拍摄香水

2.4　基本构图及商品摆放技巧

构图是摄影中常用的基本技巧，是决定一幅摄影作品视觉效果好坏的关键所在。对于商品拍摄者来说，掌握好构图的基本规律，并能在拍摄时合理运用是非常必要的。只有经过精心构图，才能将构思中的主体加以强调、突出，舍弃一些杂乱的、无关紧要的景和物。

2.4.1 横式构图

横式构图是商品横向放置或横向排列的横幅构图方式。横幅画面（画面底边较长）强调的是水平面因素，展示的是画面的横向宽广，相机横着使用拍摄的就是横幅画面。这种构图方式给人一种稳定、可靠的感觉，多用来表现商品的稳固，并给人以安全感。如图 2-29 所示为横式构图。

图 2-29 横式构图

2.4.2 竖式构图

竖式构图也是一种常用的画幅形式，它有利于表现垂直线特征明显的景物，往往显得高大、挺拔、庄严。在竖式构图画幅中，欣赏者的视线可以上下移动，可以把画面中上下部分的内容联系起来，如图 2-30 所示。

图 2-30 竖式构图

在构图中经常会出现竖线，竖式构图要比横式构图富有变化，多条竖线组合时变化相对多一些，比如对称排列透视、多排透视等都能产生意想不到的效果。

2.4.3　对角线构图

这是一种非常著名的构图表现方法，画面中线所形成的对角关系使画面产生了极强的动势，表现出纵深的效果。其透视也会使整体变成斜线，引导人们的视线到画面深处。如图 2-31 所示为对角线构图。

图 2-31　对角线构图

相对于传统横平竖直的构图方式，倾斜式的对角线构图给人更活泼的感觉，而且还可以最大限度地利用照片的宽度。对角线是画框中最长的直线，沿对角线摆放物体也可以更好地展现物体的形态。

2.4.4　黄金分割法构图

黄金分割又称黄金律，是一种数学比例关系，即将整体一分为二，较大部分与较小部分之比等于整体与较大部分之比，其比值为 1:0.618，即长段为全段的 0.618 倍。0.618 被公认为最具有审美意义的比例数字。这一比例是最能引起人的美感的比例，因此被称为黄金分割。中国画中谈到的“井”字构图就是黄金分割的例证。

黄金分割主要体现在对画面内部结构的处理上，如画面的分割、主体所处的位置，以及地平线、水平线、天际线等所处的位置。如图 2-32 所示，A、B、C、D 4 条线相交的区域就是黄金分割区域，画面的主体或分割线可以被安排在 4 个交点或 4 条线附近。

需要注意的是，在完成构图的过程中，还应该考虑主体与陪体之间的呼应，充分表达主体的思想内容。同时，还要考虑影调、光线处理、色彩的表现等。

为了达到更好的构图效果，拍摄者可以使用黄金分割法进行构图，将主体稍稍偏移中心位置，放置于黄金分割的交点处。利用陪体衬托画面中的主体，可以起到强调的作用。通过转换黄金分割线的位置，可形成 4 个不同的交点。合理利用黄金分割法对相机拍摄场景进行布局，可以展示稳定、美观的画面效果。但也不能一味地使用这种构图方式，拍摄时需要针对不同的拍摄场景选择合适的构图方式。如图 2-33 所示为黄金分割法构图。

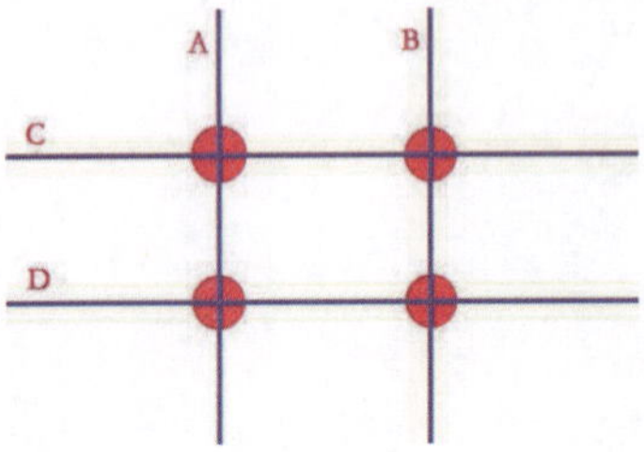

图 2-32 黄金分割

图 2-33 黄金分割法构图

2.4.5 对称式构图

对称式构图是指画面中的景物相对于某个点、某条直线或某个平面而言，在大小、形状和排列上具有一一对应的关系。对称式构图在视觉上呈现出一种平衡的画面。对称式构图具有均匀、整齐、稳定、相呼应的特点，但表现呆板、缺少变化。为了防止出现这种呆板的表现形式，我们常常会在对称中构建一点点的不对称。如图 2-34 所示为对称式构图。

图 2-34 对称式构图

2.4.6　曲线构图

曲线构图所包含的曲线可为规则形曲线和不规则曲线。曲线象征着柔和、浪漫、优雅，会给人一种非常美的感觉。在设计中曲线的应用非常广泛，表现手法也是多样的，可以运用对角式曲线构图、S 式曲线构图、横式曲线构图、竖式曲线构图等。另外，要注意曲线和其他线条综合运用更能产生突出的效果，但把握的难度要大一些。如图 2-35 所示为曲线构图。

图 2-35　曲线构图

2.4.7　其他艺术形式构图

商品的摆放其实也是一种陈列艺术，同样的商品使用不同的造型和摆放方式会带来不同的视觉效果。

如图 2-36 和图 2-37 所示，指甲油由于摆放和组合方式的不同而产生了完全不同的构图和陈列效果，很显然，图 2-36 更具有商业价值。当客户看到这两家店铺的商品图片时，会因视觉上的美感区别而产生不同的感受，进而直接影响到客户是否会购买这件商品。这就是商品照片和产品照片在本质上的区别，因为商品照片归根结底是要刺激出消费者的购买欲，而视觉感受恰恰是他们的价值判断中最重要的因素。

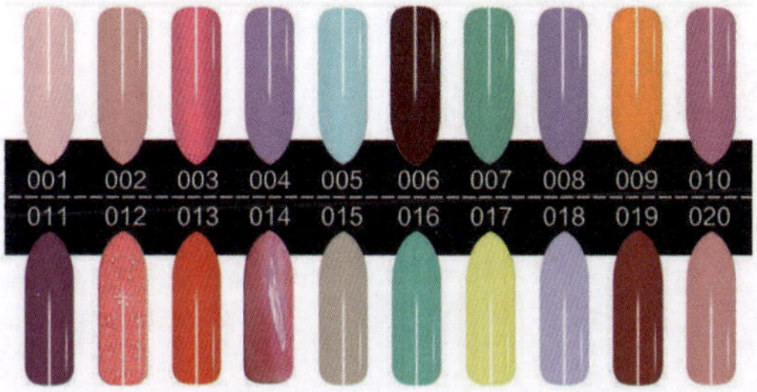

图 2-36　摆放整齐的构图

图 2-37　摆放杂乱的构图

1．商品摆放角度

商品照片要拍得有艺术性，除了需要注意灯光、道具和摆放技巧，还需要注意摆放角度。商品怎么摆放可构成最完美的角度？以下是专业人士总结的商品常见摆放技巧。

有些商品因其材质或特性，悬挂起来后可让商品远离背景，拍摄出的商品照片有一种背景朦胧的效果。如图 2-38 所示，我们可以将短的耳坠使用垂直悬挂的方式来摆放，因为人类的视觉习惯是视点朝下，从这个角度看东西我们的眼皮感觉最轻松，因此，这样的摆放方式可以使我们的视觉中心正好落到耳坠的串珠造型上。

倾斜摆放可让视线更具动感，有时把商品倾斜地摆放比方正地摆放更灵动。比如呈 45° 或八字形摆放，可有效地缩短商品长度在构图中占用的空间，将我们的视觉中心自然地引到商品的主要造型上，如图 2-39 所示。

图 2-38　使用垂直悬挂的方式来摆放

图 2-39　倾斜摆放

将几件商品摆放在一起比单一的商品放置在构图上可以有更多的组合。商品的排列组合可以呈现出规律性或随机的美感。比如，排列成几何图形或万花筒状，都能带来视觉冲击，如图 2-40 所示。

图 2-40　摆放在一起

2．商品外形的二次设计

每件商品在从流水线上出来时就决定了它的外部形态，我们可以在拍摄时充分运用想象力，来二次设计和美化商品的外部线条，使之呈现出一种独有的设计感和美感。

如图 2-41 所示是皮鞋的摆放。在拍摄皮鞋时，更应该注重细节的拍摄，像皮质、鞋跟、鞋标等细节都是重点。稍有角度的俯拍会让这些细节展示得更清晰。

如图 2-42 所示，皮带是条状的商品，在一定尺寸和比例的画面里，很难做到全景式呈现，因此，将皮带卷起来摆放可以有效地兼顾头尾。我们可以做自然的盘卷，以呈现时尚的气质和散漫的美感；也可以做标准的盘卷，以体现陈列的秩序和整洁的商务风格；还可以在卷起来的瞬间松开，借助商品的张力来呈现跳动的韵律和生命的活力。

图 2-41　皮鞋的摆放

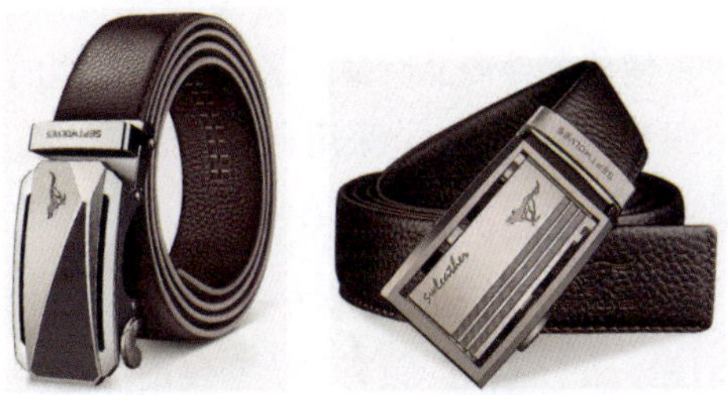

图 2-42　皮带的摆放

3．搭配拍摄

时至今日，人们已经不再满足于仅仅展现商品的外观，在消费者越来越挑剔的目光下，商品的优势和价值、悠闲的生活节奏、小资情调和无法言说的意境都有可能成为打开他们心门的那一把钥匙。

比如，在平铺拍摄毛衣时，为了避免画面单调无趣，可以使用一些点缀物，如帽子、眼镜、包包、饰品、鞋子等进行搭配。注意不要都搬出来，选择一两样就可以了，切记不要太复杂，否则容易产生喧宾夺主的感觉。如图 2-43 所示为搭配拍摄。

商品图片的搭配拍摄效果会直接影响消费者对商品的主观认识。很多时候，仅描述商品的尺寸是多少，还不能给客户带来客观感受。如果在所出售的商品旁边摆上客户在生活中常见的物品，让客户自己感受该商品的实际尺寸，效果就会好很多。

图 2-43 搭配拍摄

4．摆放的疏密与序列感

在摆放多件商品时最难的是兼顾造型的美感和构图的合理性，因为画面上的内容多就容易显得喧闹和杂乱。此时，采用有序列感和疏密相同的摆放就能很好地兼顾这两点，使画面显得饱满、丰富，而又不失节奏感和韵律感。

如图 2-44 所示的摆放方式，这样的小物件往往需要通过一定的队列方式来摆放才会显得井然有序，珠子之间的距离和疏密度增加了构图上的透气性，给人一种视觉上的享受。

图 2-44 摆放的疏密与序列感

5．远近、明暗相结合构图

拍摄商品图片有时候需要带上一点近景，或者隐隐约约保留一点颜色比较淡的远景，以增强立体感，表现出丰富的拍摄层次。画面色彩的变幻和明暗的跳跃可以使照片不会因单调、呆板而显得过于平淡，但这样的远近和明暗层次也要使用得当，不多也不少，否则会显得不协调。

第3章 让客户心动的视觉优化

本章指导

一般来说，网店的视觉元素主要有文字、图片、按钮这几类，还可能包括多媒体等，这些是网店外观设计的组成部分，服从于网店的整体风格需要。用好视觉元素，能使客户获得更好的在线体验。为什么有的网店在短时间内销量巨大？这些热销商品的页面设计是否有什么秘诀？通过分析这些热销商品的页面，我们发现这些页面无论采用何种设计方式，处处彰显着卖家的良苦用心。

3.1 网店视觉导航设计

网店导航是网店内容架构的体现，网店导航是否合理是网店易用性评价的重要指标之一。正确的网店导航要做到便于浏览者理解和使用，让浏览者无论进入网店的哪个页面，都很清楚自己所在的位置，很容易返回网店首页。

3.1.1 导航栏目设计

简单、直观的导航不仅能提高网店易用性，而且在方便浏览者找到所需的信息后，有助于提高用户转化率。导航设计在整个网店的设计中举足轻重。导航有许多种表现形式，常见的有图片导航、按钮导航、文字导航等。如图 3-1 所示为按钮导航。

图 3-1　按钮导航

在设计导航时要注意以下基本要求。

（1）明确性：无论采用哪种导航策略，导航的设计应该明确，让浏览者能一目了然。具体表现为：能让浏览者明确店铺的主要商品范围；能让浏览者清楚自己所处的位置等。只有明确的导航才能真正发挥“引导”的作用，引导浏览者找到所需的信息。

（2）可理解性：导航对于浏览者应是易于理解的。在表达形式上，要使用清楚、简洁的按钮、图片或文本，要避免使用无效字句。

（3）完整性：完整性要求网店所提供的导航具体、完整，可以让浏览者获得整个网店范围内的领域性导航，能涉及网店中全部的信息及其关系。

（4）咨询性：导航如同一个问询处、咨询部，当浏览者有需要的时候，能为其提供咨询服务。

（5）易用性：导航系统应该容易进入，同时也要容易退出当前页面，或让使用者以简单的方式跳转到想要浏览的页面。

只有考虑到以上这些导航设计的要求，才能保证导航策略的有效性，发挥出导航策略应有的作用。

3.1.2　导航的要素

全局导航也称为主导航，是出现在网店每个页面上的一组通用的导航元素，以一致的外观出现在网店的每个页面上，对浏览者起着最基本的访问方向性指引作用。

对于大型电子商务网店来说，导航还应当包括搜索与购买两大要素，以方便浏览者在任意页面上均能进行商品搜索与购买。如图 3-2 所示为网店的全局导航。

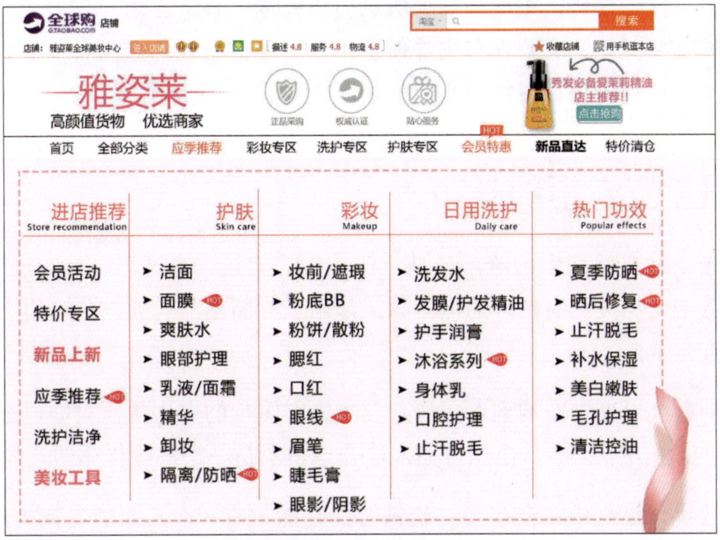

图 3-2　网店的全局导航

★ 指点迷津 ★

网店的全局导航一般包括 3 个基本设计要素。

- 店铺名称：网店顶部的店招或店铺名称必须添加返回首页的链接。
- 返回首页：每个全局导航左边位置应该出现返回首页的提示及链接。
- 全站基础栏目（一级栏目）。

3.1.3　导航栏目设计注意要点

在设计导航时可以采用文本链接方式。一些网店为了表现其独特风格，在导航条上使用图片等作为导航。以下是一些常见的导航栏目设计注意要点。

- 导航使用的简单性。导航的使用必须尽可能简单，应避免使用下拉或弹出式菜单导航。如果非用不可，那么菜单的层次不要超过两层。

- 不要采用“很酷”的表现技巧。如把导航藏起来，只有当鼠标停留在相应位置时导航才会出现。这样设计虽然看起来很酷，但是浏览者更喜欢直观的选择。
- 注意超链接颜色与单纯叙述文字的颜色呈现。
- 测试所有的超链接与导航按钮的真实可行性。网店制作完成并发布后，第一件应该做的事情是逐一测试超链接与导航按钮的真实可行性，彻底检验有没有失效的链接。
- 导航内容必须清晰。导航的目录或主题种类必须清晰，不要让浏览者产生困惑。如果有需要突出主要页面的区域，则应该与一般页面在视觉上有所区别。
- 准确的导航文字描述。客户在点击导航链接前对他们所找的东西有一个大概的了解，链接上的文字必须能准确描述链接所到达的页面内容。

3.2 提升图片点击率的技巧

在淘宝中，无论是自然搜索的流量还是付费广告的流量（直通车、钻石展位、淘宝客），都和商品图片的创意密切相关。而图片的点击率又是用于判断商品对客户的吸引力度、商品在市场上受欢迎程度的重要指标之一。

图片的视觉创意效果直接影响到点击量。要想提高图片的点击量，只能通过更换更吸引客户的图片来实现，进而提升点击率。由此可知，提升点击率是一个持续优化图片的过程。

在图片的持续优化过程中，最重要、最核心的功能只有一个，那就是向客户传递有效信息。本节将重点讲述几种技巧来帮助增强图片传递有效信息的能力，从而增加点击量，提升点击率。

3.2.1 场景营造

客户的体验举止均是在相应的场景下开展的，客户是借助场景来了解商品的，客户在不一样的场景下，对商品或服务体验后的感触与回忆也是不一样的。因此，企业经营者若想打造良好的客户体验，第一步便需以客户为重心，打造一个适宜的场景。

场景营造就是对图片主题场景进行针对性设计，令客户置身其中，从而给客户较强的代入感。优秀的场景营造能提升商品的认知度，刺激客户的购买欲望，提升点击率。

比较常见的就是利用街道、公园、田野等自然景色作为拍摄背景。如图 3-3 所示，这张照片就是利用草丛作为自然的拍摄背景的。自然背景的优点是人人都可以找到，拍摄出的照片也更加自然，商品也会显得更加真实。但合适的自然背景是需要花时间寻找的，每次拍摄都需要走出家门，同时也会受到天气的影响。

图 3-3　场景营造

3.2.2　行为引导

如图 3-4 所示，在图片中放置“免单随意摇 红包任性送”按钮，增强客户和商家的互动体验，提升点击率，起到了提醒客户停留或者点击的作用。

图 3-4　行为引导

3.2.3 创意技巧

如图 3-5 所示，在商品主图上设计出来的卖点并不一定是促销内容，而是吸引客户眼球的亮点，是商品的核心竞争力。当客户看到直通车或钻石展位的广告图是直观、震撼的图片时，就会立即刺激眼球，进而刺激冲动购物的神经，迅速联想到这个宝贝最突出的优势。

图 3-5 创意技巧

3.2.4 促销主题

很大一部分客户比较喜欢有促销活动的商品，所以可以将促销折扣信息设置到商品图片中以提高点击率。比如“限时抢购”“最后 1 天”等促销文案让人有一种再不买就会错过的紧迫感。但是促销信息应尽量简单、字体统一，尽量保持在 10 个字以内，要做到简短、清晰、有力，避免促销信息混乱、喧宾夺主、字体比例失调等问题。促销是提升图片点击率的通用法宝，任何一种技巧和促销搭配，都会让点击率成倍提升，如图 3-6 所示。

图 3-6　促销主题

3.2.5　细节放大

淘宝网店宝贝细节图是指通过图片的方式，将商品的局部细节放大，来达到更清楚地介绍商品、美化商品详情页面的目的。卖家可根据商品本身的卖点和优势进行细节展示。将商品的细节放大可以让客户更深入地了解商品信息并且增加认可度，达到提升点击率的目的，如图 3-7 所示。

图 3-7　细节放大

3.2.6 环境差异化

图片必须有展示场景，在场景中凸显出使用环境，这样才能提升点击率。所以，要判断图片的好坏，以场景为先决条件。在众多商品中都有各自不同的场景展示。如图 3-8 所示的服装就适合登山的环境。

图 3-8 环境差异化

3.2.7 点睛文案

因为文字的辨识度非常高，所以在广告图中可以用精练的文字来阐述商品卖点，吸引客户的眼球，引起客户的好奇，从而达到提升点击率的目的。本案例中的广告图是用图少字多而且醒目的形式展现的，如图 3-9 所示。

图 3-9 点睛文案

3.2.8 视觉冲击力

视觉冲击力就是运用视觉艺术，使视觉感官受到深刻影响，留下深刻印象，其表现手法可以是造型、颜色等。如图 3-10 所示就是一种能提升视觉冲击力的构图形式。

图 3-10　视觉冲击力

3.3　首页布局优化

店铺首页是品牌形象与商品展示的关键位置，店铺首页布局是否合理，会直接影响到客户在店铺里的体验及视觉感受，并且影响客户的访问深度，从而影响销售额。店铺首页优化工作必须根据数据不断地进行调整测试，让店铺达到更好的状态，最大化地提升其利用价值。

3.3.1　店招优化

店招就是店铺招牌，不同于一般商业宣传用的广告牌，它的主要目的不是对商品的直接促销和宣传，而是以告知和说明店铺名称、标识、主营产品、收藏本店等基本信息为主的。店招也可以作为免费广告的载体，所有进入店铺的客户都能看到相关的店铺信息，快速了解店铺的经营特色。凸显店铺特色就是店招的目的。

1．店招的结构

店招的结构可以分为 3 类：居中型、左右型和左中右型。卖家可根据数据优化找到最适合自己店招的类型。不同的店铺采用任何一种类型的店招，都要考虑客户能接收多少有效的店铺信息。如图 3-11 所示是左中右结构的店招效果，如图 3-12 所示是左右结构的店招效果。

图 3-11　左中右结构的店招效果

图 3-12　左右结构的店招效果

2. 店招的内容

正常的店招中有店铺名称及广告语，也可以含有多个链接、主推商品、搜索框等。

店招其实也不是一个很复杂的东西，它代表的首先是一个品牌的形象，其次才是促销的内容。换一个角度来说，客户首先要看你的店铺是卖什么的、是否符合他的定位，然后才会看促销信息。

如图 3-13 所示是荣事达官方旗舰店的店招。将客户关注的内容以红色来突出显示，把客户的视觉聚焦到品牌上面。纵观这个店招，其实表达的内容还是很多的，但是主次把握得很好，重点突出的是品牌形象和促销信息。这样的店招就符合店招设计思路，视觉点只需要 1 ～ 2 个就可以了。

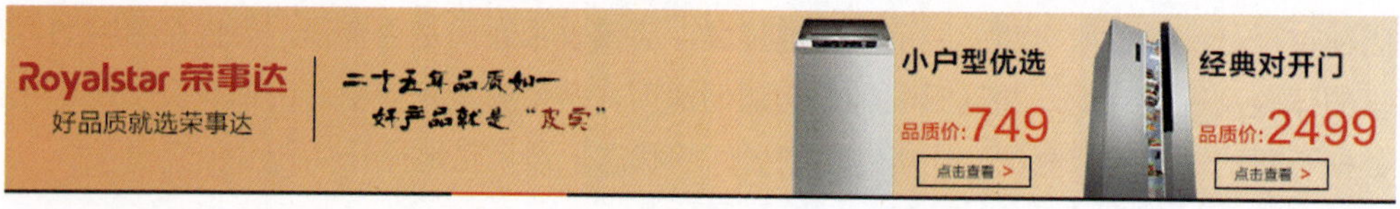

图 3-13　荣事达官方旗舰店的店招

如图 3-14 所示是海天官方旗舰店的店招。设计师为了突出促销的元素，给价格运用了一个动态的效果，既增加了促销的紧张感，也把客户的视觉集中在这个位置。而这里的大红色也会给人传递一种大品牌的形象。为了达到视觉传达的效果，这个店招同样运用了两个视觉点。

图 3-14　海天官方旗舰店的店招

3.3.2　导航优化

当客户进入网店首页的时候，看到这么多商品，如何快速找到自己想要的商品呢？这就需要导航给予恰当的引导了。导航文字不明确，客户就无法直观地判断出店铺中哪些是热门商品；导航文字不精准，就无法给客户带来方便的引导，以及更好的购物体验。没有被点击的文字可能是当季不被客户关注的商品，需考虑调整文字名称或者展示位置，充分利用有效空间。常规导航的高度为 30 像素，容纳的分类文字组成为 8 ～ 10 个。如果导航文字太多、太杂，有些无用的链接不具备实用性，就应该及时进行优化调整。关键词的调整是客户在此时期最关注的信息，可以通过链接的点击次数来判断点击热度。如图 3-15 所示为顶部的下拉菜单导航。

图 3-15　顶部的下拉菜单导航

有些卖家认为导航就是分类。其实不然，导航指的是能让客户快速查看店铺某些页面的功能性按钮，和分类属于包含与被包含的关系，可以理解为分类是导航的一种。所以，在优化导航的时候，仅把分类重新整理一下是达不到好的优化效果的，而应从所有导航入口入手来进行优化。

通常按位置可以将导航划分为三个区域。

（1）顶部导航：商品分类、搜索栏、自定义页面（品牌故事、会员专区、购物须知等）。

（2）左侧栏：商品分类、收藏按钮、在线客服、热销热藏、商品推荐、其他超链接（手机店铺、加入帮派等）。

（3）自由导航：图片（文字）+ 超链接（可以指向某一分类或自定义页面，多数用于活动，可以摆放在页面的任意位置）。

3.3.3　海报优化

淘宝店铺海报是商家向客户展示自家店铺商品和形象的一种海报，可以是品牌宣传、单品广告、活动广告等。一张好的店铺海报能够让客户明了你的店铺售卖的商品是什么，从某种意义上来讲能够增加店铺浏览量，进而提高店铺销量，所以，制作一张好的店铺海报显得尤为重要。

如果是轮播广告，则建议不超过5屏，且每屏的播放时间不宜过短，以5～7秒为宜；内容应尽量直观，不宜复杂，便于客户瞬间能读懂广告的含义；尽量用简体字，繁体字只能用在中式风格的店铺中。

并不是所有的海报都是可以让人产生购买欲望的，每张海报所要表达的含义也是不一样的，所以会有很多因素用来判断一张海报设计得是否成功。产品、文案、背景、布局、配色是海报优化的重点。

（1）选择产品是非常重要的，产品会直接影响海报的主题或者营销效果。一般可以选择不同角度的产品图片，或者突出产品卖点。

（2）淘宝文案其实就是一段具有吸引力的文字，通过文字走进客户的内心，刺激客户的购买欲望。好的广告文案比客服说多少甜言蜜语都要来得有力量，它能利用细腻的文字描述深入人心。如图3-16所示为海报中的淘宝文案。

图3-16　海报中的淘宝文案

（3）背景是用来衬托前面的文案和产品的，其重要性也不能被忽略，好的背景可以衬托出主题气氛，刺激客户的购买欲望。背景一般是通过找素材或者直接拍摄出来的。

（4）布局要简洁，不要杂乱无章，要让客户在短时间内就能理解你的海报想要表达的含义。

（5）配色就是以产品的主色调为基色，再寻找与主色调相协调的色彩，使得整体风格与产品或品牌风格相一致。

3.3.4 主推（热销）单品优化

淘宝店铺是由一个个单品组成的，学会了单品打造技巧，还愁开不好淘宝店吗？单品可以挣钱没错，但是挣钱还需要提升单品销量，而销量 = 流量 × 转化率。

销量的增长需求和转化率的变化是根据你的竞争对手得出的，说白了就是要去迎合淘宝，要让淘宝知道你的宝贝是优质宝贝，你的宝贝比你的竞争对手的宝贝要好，这样淘宝才会把你的宝贝置于前面，给你的宝贝更好的位置，你的宝贝自然就会有更多的展现机会。

每家店铺中总有几款热销单品，当然也是大力推广的商品，通常会在首页的上半部分展示。然而，有些商品展示的先后顺序及位置对商品销售也是有影响的，可以根据热力图得出商品的点击率，进而判断商品展示的合理性。

3.3.5　商品陈列优化

当店铺商品比较多时，陈列一定要整齐统一，并且把同一系列的商品放在某个独立的区域，按模块点击量的多少来判断哪些品类关注的人数较多，就可以考虑将该模块往页面上方调整。根据该模块中各商品的点击情况，统计出单品的点击热度分别是多少次，把点击次数最少的图片替换掉。一般以 3 ～ 7 日为一个周期。如图 3-17 所示是商品陈列优化情况。

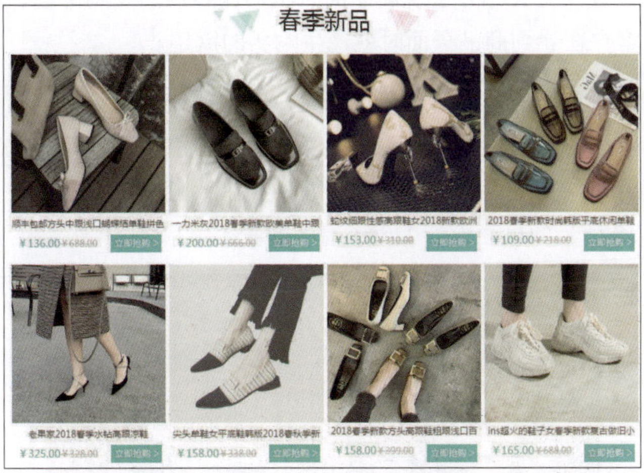

图 3-17　商品陈列优化情况

每个系列中都有很多不同的商品，这就需要经常调整，常换常新，让客户进入店铺后有新鲜感，同时也会带动其他款商品的展示，当然也可以测试出哪款商品的图片是具有吸引力的。

3.3.6　首页尾部优化

首页的尾部是用来跟客户告别或者加强品牌记忆的，同时希望客户下次再来，自然应该放一些与收藏店铺相关的内容，比如扫一扫关注手机店铺，为了吸引客户也可以放上极具诱惑性的礼品及抽奖活动。普通店铺模板下方的设计不精彩，自然没有太多的点击量；优化后吸引力增加了，趣味性增强了，自然点击或收藏的客户多了，这叫互动传播，可以增加品牌的知名度，从而带来商品价值。

3.4 人气商品页面分析

设计网店页面时应当站在客户的立场上考虑问题，一切设计围绕着客户展开，一切设计都是为了给客户提供更大的便利。比如，设计时要把客户挑选的商品显示出来，注意商品图片与商品实物的差异性等。一句话：设计时要处处为客户着想。

3.4.1 营造良好的氛围

即使销售的商品不是高端商品，也应当在页面氛围的营造上多花心思，尽可能地把商品本身的特点充分体现出来。设计时要充分展现商品的氛围，让客户感受到舒适、温暖的气氛，这是设计的关键所在。要让客户在看到商品页面时就产生购买的欲望。

对于节假日而言，最重要的是要营造节日气氛，一定要让温馨直达消费者内心。网店整体设计要突出节日氛围。网店的店招、导航、促销区甚至商品描述模板都有必要加入节日元素。例如，中国传统的礼花、鞭炮、灯笼等素材可以突出春节的氛围；月亮、月饼、玉兔等素材可以突出中秋节的氛围。如图 3-18 所示的页面设计突出了春节的氛围。

图 3-18 页面设计突出春节的氛围

这个页面通过各种渠道让消费者了解到店铺正在促销，给整个店铺营造一种火热的促销氛围。可以加上具体的优惠措施，比如“满就减”“店铺优惠券”等。对于旺铺而言，店招、左侧导航、促销信息可以在每个宝贝的页面上显示出来，充分利用这些区域，营造一种良好的促销氛围。

主打促销的商品图片要加上节日元素。促销期间主推的几款商品不仅要在促销区呈现，在商品图片的处理上也需要下一番功夫。如果主打春节促销的主题，则可以加上对联、灯笼、鞭炮等元素；如果主打中秋节促销的主题，则可以加上月饼、嫦娥、玉兔等素材，让消费者一目了然。

3.4.2　细节决定成败

即使同一件商品，其颜色和尺寸不同，人们的感觉也常常会有很大差异。对于客户想要了解的内容，不要一概而过，而应认真、详细、如实地介绍给客户。只有这样，客户才能毫不犹豫地购买。在如图 3-19 所示的商品展示中，使用多张图片详细地展示了商品的不同部位。

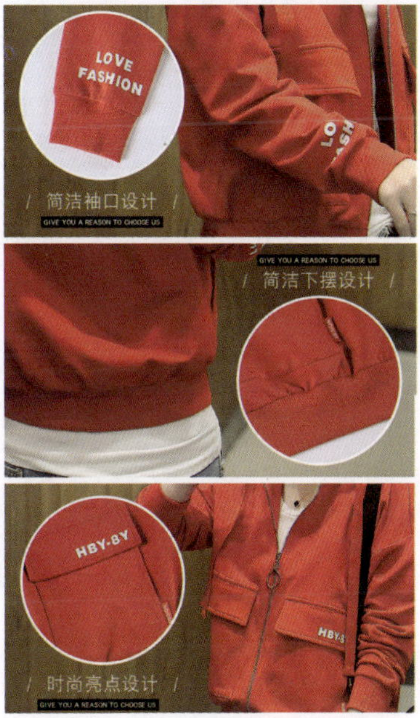

图 3-19　使用多张图片详细地展示商品的不同部位

很多新手卖家都不注重细节图的拍摄，甚至在页面上没有展现出细节图，这样是很难获得客户信任的。所以，为了带动店铺的生意，细节图的拍摄一定不能少。服装类商品需要拍摄的细节部分有拉链、线缝、内标、Logo、领口、袖口及衣边等，凡是衣服的特别之处都要拍摄细节图。细节图越多，客户看得越清楚，当然会对你的宝贝产生好感，进而产生购买欲望。

3.4.3　从客户的视角设计

在确定了商品所针对的客户群后，就要迎合客户的眼光。在设计中要使用客户认同的语气、客户喜好的颜色、客户崇拜的模特、客户追求的商品等，与客户的距离越近，就越能制作出成功的商品页面。

如图 3-20 所示为童装网店的页面。童装销售的主要目标是小孩的母亲，所以设计的重点在于先考虑母亲希望给孩子穿什么样的衣服，再确定设计理念。要让页面激起母亲对儿时的怀念。商家不仅要在商品上为母亲所认同，还要为客户搭建一个共有的空间。在商品介绍和文字中可使用儿童的语气。

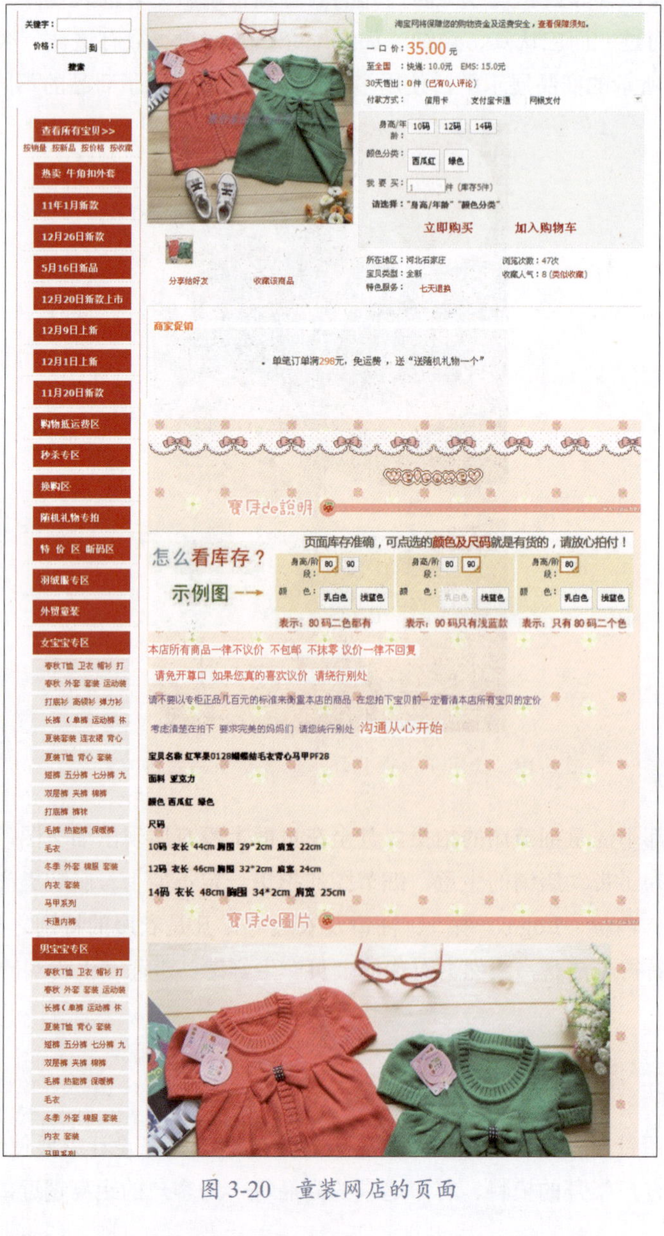

图 3-20 童装网店的页面

3.5　热销爆款商品页面特点

皇冠级卖家在网上交易中发挥着巨大的力量，从他们的商品主页中可以找到许多持久运营的秘籍。下面将介绍热销爆款商品的页面设计有哪些特点。

3.5.1　页面要生动、有趣

与短页面相比，长页面虽然可以展示更多的商品，但是长页面容易使人感到厌倦，所以商品页面的设计必须使客户在购物过程中保持新鲜感。从结构上要展示商品与搭配商品的各种图片，不断与客户交流。应该使用客户喜欢的语言展示客户想看的商品图片，使客户愉快地下拉滚动条。

如图 3-21 所示的页面虽然比较长，包括上百张商品图片，但是客户在浏览页面的过程中却没有感到一点厌倦。生动的照片、亲切的文字、自由的版式设计，营造出轻松、愉快的氛围。

图 3-21　页面生动、有趣

3.5.2　引导客户购买搭配商品

大家都会有这样的购物经历：购买了一件商品，还需要找到和这件商品搭配的附属商品，比如，买了一部相机还想搭配一个镜头，买了一件衣服还想买一条搭配的裤子，然后去逐一搜索，既浪费时间，还不能省钱。现在，购买搭配套餐组合商品，能帮助客户一次性解决问题，省事、省时、省钱。

搭配套餐就是卖家把几个相关的商品搭配组合成套餐，如护肤品组合、服装搭配购、数码套餐等，客户在购物时可以灵活选择套餐中的任意几个商品购买，套餐的总价低于原商品一口价的总和。

页面中应该陈列商家销售的其他商品，使客户在该页面停留更长的时间。即使客户对当前所浏览的商品不满意，但在看到同一商家销售的其他商品后，也许就会产生购买的欲望。另外，即使客户已经决定购买现在所浏览的商品，但在浏览其他搭配商品的同时，也会产生再购买一两种商品的打算。如图 3-22 所示的页面虽然销售的是数码相机，但是陈列了相关的搭配商品。

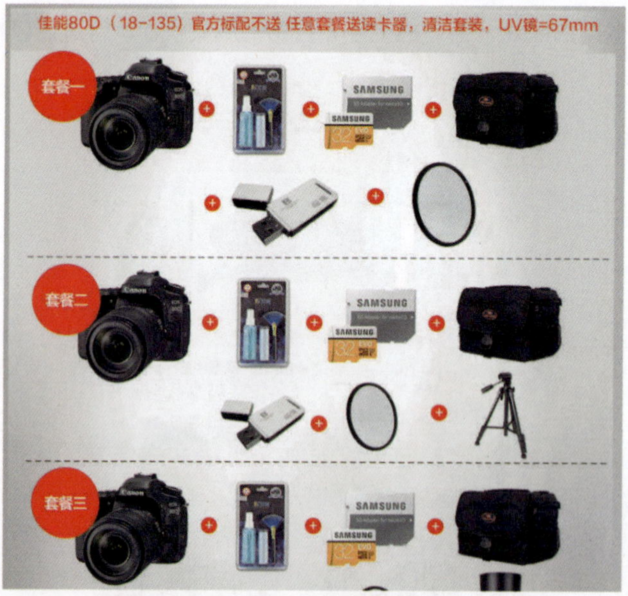

图 3-22　搭配其他商品

3.5.3 通过商品图片可以了解商品实际尺寸

在淘宝网上我们经常看到很多服装类卖家用真人模特进行拍摄，这种拍摄方式能够更好地展示商品的线条和样式，甚至商品的质感，还能通过图片让客户了解到商品的实际尺寸。卖家在挑选模特的时候要注意尽量选择适合衣服气质的模特，不能随便找来一个人穿上所有上架的宝贝，那样难免会影响部分服装的整体效果。

在表现商品尺寸时，虽然标明准确的数值也很重要，但最好同时展示更为直观的商品照片。所以，在服装网店页面中，在标明模特身材与商品尺寸的同时，也要展示模特穿上商品后的照片。如图 3-23 所示为商品搭配模特，客户可以据此了解商品的实际尺寸。

图 3-23　商品搭配模特

3.5.4　商品描述信息准确、详细

在网上做买卖，最重要的是如何把自己的商品信息准确地传递给客户。图片传递给客户的只是商品的形状和颜色信息，对于性能、材料、产地、售后服务等信息，必须通过文字描述来说明。

在网上购物，影响客户是否购买的一个重要因素就是商品描述。很多卖家也会在商品描述上花费大量的心思，但经过一段时间的观察会发现，用户的转化率仍然不高。究其原因，主要还是商品描述信息不够详细。

如图 3-24 所示的页面中有详细的商品描述信息。

图 3-24　页面中有详细的商品描述信息

在填写商品描述信息时应注意如下几个方面。

- 向供货商索要详细的商品信息。商品图片不能反映的信息包括材料、产地、售后服务、生产厂家、商品的性能等。所售商品相对于同类商品有优势和特色的信息一定要详细地描述出来，这本身也是商品的卖点。
- 商品描述一定要精美，能够全面概括商品的内容、相关属性，最好能够介绍一些使用方法和注意事项，更加贴心地为客户考虑。

- 商品描述应该使用文字 + 图片 + 表格的形式，这样客户看起来会更加直观，从而增加购买的可能性。
- 参考同行网店。可以去皇冠店转转，看看它们的商品描述是怎么写的。要重视同行中做得好的网店。
- 在商品描述中也可以添加相关推荐商品，如本店热销商品、特价商品等，让客户更多地接触店铺里的商品，加大商品的宣传力度。
- 在商品描述中要注意服务意识和规避纠纷，客户平时很关心的一些问题、有关商品问题的介绍和解释等必不可少。

3.5.5 分享购买者的评价

淘宝网会员在使用支付宝服务成功完成每笔交易后，双方均有权对对方交易的情况做出评价，称为信用评价。良好的信用评价和口碑是商品成交与否的重要决定因素。已经购买了商品的客户的评论可以对正在犹豫是否购买商品的客户起到决定性作用。因为商家提供的商品信息宣传性太强，而客户留下的评论却比较真实。如图 3-25 所示的页面中添加了以往的客户评价图片。在给予客户对商品的信任方面，没有任何信息比得上客户使用后的评论语言。

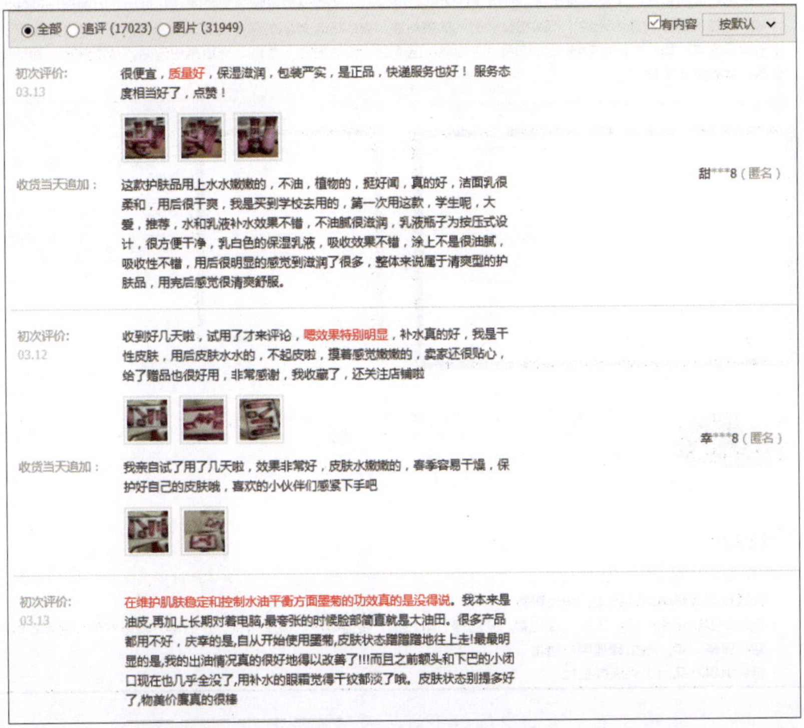
全部 追评 (17023) 图片 (31949)
有内容
按默认
初次评价:
03.13
很便宜，质量好，保湿滋润，包装严实，是正品，快递服务也好！服务态度相当好了，点赞！
甜***8（匿名）
收货当天追加：
这款护肤品用上水水嫩嫩的，不油，植物的，挺好闻，真的好，洁面乳很柔和，用后很干爽，我是买到学校去用的，第一次用这款，学生呢，大爱，推荐，水和乳液补水效果不错，不油腻很滋润，乳液瓶子为按压式设计，很方便干净，乳白色的保湿乳液，吸收效果不错，涂上不是很油腻，吸收性不错，用后很明显的感觉到滋润了很多，整体来说属于清爽型的护肤品，用完后感觉很清爽舒服。
初次评价:
03.12
收到好几天啦，试用了才来评论，嗯效果特别明显，补水真的好，我是干性皮肤，用后皮肤水水的，不起皮啦，摸着感觉嫩嫩的，卖家还很贴心，给了赠品也很好用，非常感谢，我收藏了，还关注店铺啦
幸***8（匿名）
收货当天追加：
我亲自试了用了几天啦，效果非常好，皮肤水嫩嫩的，春季容易干燥，保护好自己的皮肤哦，喜欢的小伙伴们感紧下手吧
初次评价:
03.13
在维护肌肤稳定和控制水油平衡方面墨菊的功效真的是没得说。我本来是油皮,再加上长期对着电脑,最夸张的时候脸部简直就是大油田。很多产品都用不好，庆幸的是,自从开始使用墨菊,皮肤状态蹭蹭蹭地往上走!最最明显的是,我的出油情况真的很好地得以改善了!!!而且之前额头和下巴的小闭口现在也几乎全没了,用补水的眼霜觉得干纹都淡了哦。皮肤状态别提多好了,物美价廉真的很棒

图 3-25 客户评价图片

3.5.6 展示相关证书和证明材料

如果网店销售的是功能性商品，则需要展示能够证明自己技术实力的资料。提供能够证明不是虚假广告的文件，或者如实展示人们所关心的商品制作过程，都是提高可信度的方法。如果电视、报纸等新闻媒体对此有过报道，那么搜集这些资料展示给客户也是一种很好的方法。如图 3-26 所示的页面中展示了商品的相关证书和证明材料。

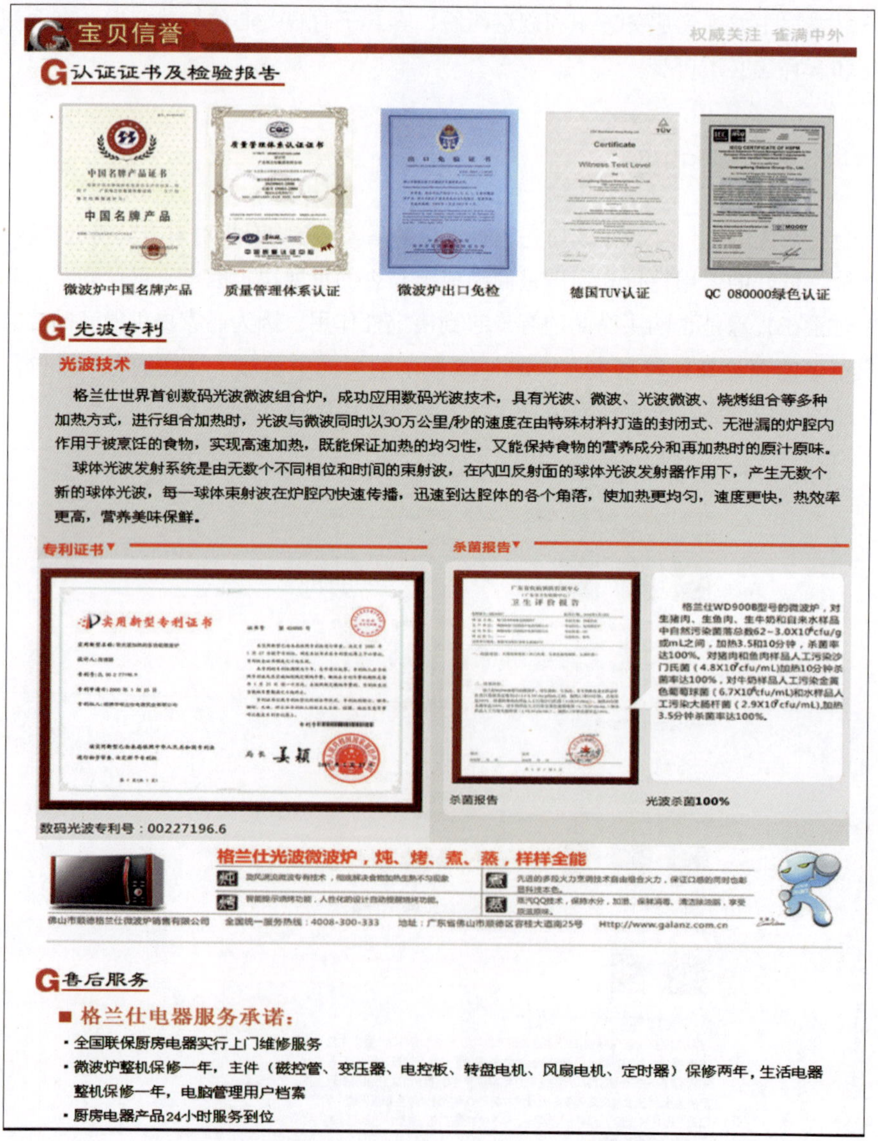

宝贝信誉
权威关注 雀满中外
认证证书及检验报告
中国名牌产品
微波炉中国名牌产品
质量管理体系认证
微波炉出口免检
Certificate
Witness Test Level
德国TUV认证
QC 080000绿色认证
光波专利
光波技术
格兰仕世界首创数码光波微波组合炉，成功应用数码光波技术，具有光波、微波、光波微波、烧烤组合等多种加热方式，进行组合加热时，光波与微波同时以30万公里/秒的速度在由特殊材料打造的封闭式、无泄漏的炉腔内作用于被烹饪的食物，实现高速加热，既能保证加热的均匀性，又能保持食物的营养成分和再加热时的原汁原味。
球体光波发射系统是由无数个不同相位和时间的束射波，在内凹反射面的球体光波发射器作用下，产生无数个新的球体光波，每一球体束射波在炉腔内快速传播，迅速到达腔体的各个角落，使加热更均匀，速度更快，热效率更高，营养美味保鲜。
专利证书
杀菌报告
实用新型专利证书
格兰仕WD900B型号的微波炉，对生猪肉、生鱼肉、生牛奶和自来水样品中自然污染菌落总数62~3.0X10⁶cfu/g或mL之间，加热3.5和10分钟，杀菌率达100%。对猪肉和鱼肉样品人工污染沙门氏菌（4.8X10⁷cfu/mL)加热10分钟杀菌率达100%，对牛奶样品人工污染金黄色葡萄球菌（6.7X10⁶cfu/mL)和水样品人工污染大肠杆菌（2.9X10⁷cfu/mL)加热3.5分钟杀菌率达100%。
杀菌报告
光波杀菌100%
数码光波专利号：00227196.6
格兰仕光波微波炉，炖、烤、煮、蒸，样样全能
佛山市顺德格兰仕微波炉销售有限公司
全国统一服务热线：4008-300-333
地址：广东省佛山市顺德区容桂大道南25号
Http://www.galanz.com.cn
售后服务
格兰仕电器服务承诺：
· 全国联保厨房电器实行上门维修服务
· 微波炉整机保修一年，主件（磁控管、变压器、电控板、转盘电机、风扇电机、定时器）保修两年，生活电器整机保修一年，电脑管理用户档案
· 厨房电器产品24小时服务到位

图 3-26 页面中展示了商品的相关证书和证明材料

3.5.7　文字清晰、易读

文字虽用于传达信息，但同时也可以用作设计要素，与图片同时使用的文字既能吸引客户的注意，也会使得页面更加生动、亲切。文字的根本用途是传达信息，想要准确、快捷地传达信息，就需要有很强的可读性。提高文字可读性的方法很简单——文字越大越醒目。标题或重要文字需要使用大字号，使其醒目。强调类文字要使用醒目的颜色，以提高可读性。如果内容较多，则需要留出足够的空白以分段。如图 3-27 所示的页面中使用文字提高了可读性。

无渣免滤	15大菜单	一键清洗	
产品名称：	加热破壁机	型　　号：	769S
电　　机：	高扭力大功率	尺　　寸：	232×200×505mm
颜　　色：	至尊红、金刚灰	杯体容量：	1.75升
额定功率：	1500W	预约功能：	有
额定电源：	220V～　50Hz	净　　重：	5.5kg
面板功能：	倍浓豆浆 / 浓汤 / 快速豆浆 / 米糊 / 沙冰 / 果汁 / 熬粥 / 炖汤 / 药膳 清洗 / 花茶 / 温热 / 点动磨粉 / 预约 / 开关启停		
主要配件：	防溢小杯盖、大杯盖、搅拌杯、主机、食谱、说明书、保修卡、搅拌棒、蒸架		
产品认证：	3C认证、外观专利认证、产品检测报告		

图 3-27　页面中使用文字提高了可读性

第 4 章 网店页面配色技巧

本章指导

色彩与人的心里感觉和情绪有一定的关系，利用这一点可以在设计页面时形成独特的色彩效果，给浏览者留下深刻的印象。不同的颜色会带给浏览者不同的心理感受。本章将介绍网店页面配色技巧。

4.1　色彩的原理

自然界中有许多色彩，如香蕉是黄色的，天空是蓝色的，橘子是橙色的……色彩五颜六色、千变万化。我们日常所见的光实际由红、绿、蓝三种波长的光组成，物体经光源照射，吸收和反射不同波长的红、绿、蓝光，经由人的眼睛，传到大脑形成了我们看到的各种颜色。也就是说，物体的颜色就是它们反射的光的颜色。红、绿、蓝三种波长的光是自然界中所有颜色形成的基础，光谱中的所有颜色都是由这三种光的不同强度构成的。

把红、绿、蓝三种颜色交互重叠，就产生了混合色：青、洋红、黄，如图 4-1 所示。

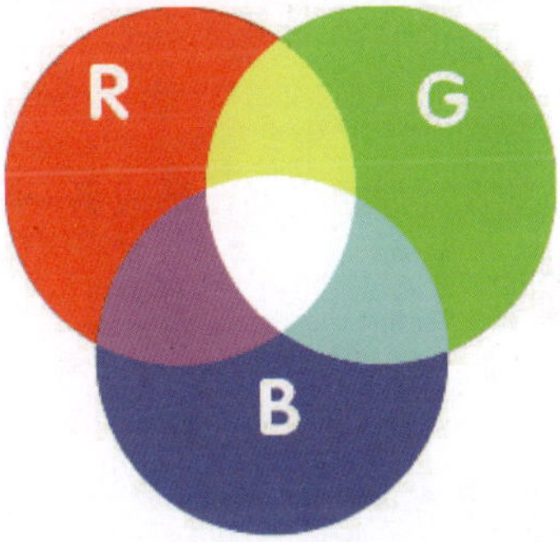

图 4-1　红、绿、蓝交互产生混合色

我们生活在五彩缤纷的世界里，天空、草地、海洋都有它们各自的色彩，你、我、他也有自己的色彩，代表个人特色的衣着、家装、装饰物的色彩可以充分反映人的性格、爱好、品位。色彩一般分为无彩色和有彩色两大类。

无彩色是黑色、白色及二者按不同比例混合得到的深浅各异的灰色系列。这些色彩不包括在可见光谱中，所以称为无彩色。

有彩色是指可见光谱中的红、橙、黄、绿、青、蓝、紫 7 种基本色及其混合色，即视觉能够感受到的某种单色光特征。我们所看到的就是有彩色系列，这些色彩往往给人以相对的、易变的、抽象的心理感受。有彩色是由光的波长和振幅决定的，波长决定色相，振幅决定色调，如图 4-2 所示。

图 4-2　有彩色

有彩色包括 6 种标准色：红、橙、黄、绿、蓝、紫，如图 4-3 所示。这 6 种标准色又细分为三原色和二次色。

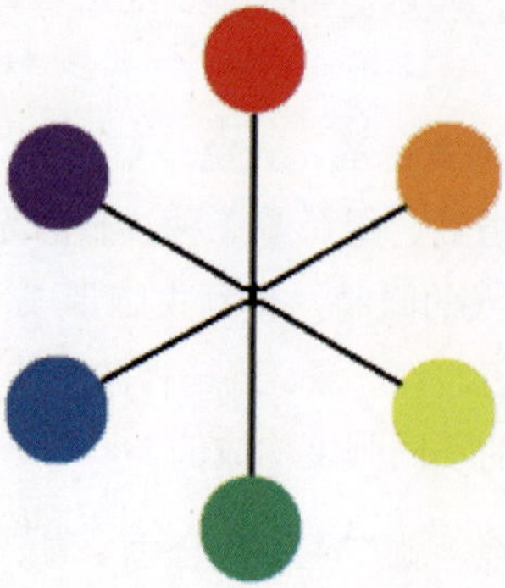

图 4-3 6 种标准色

- 三原色是指红、黄、蓝色，如图 4-4 所示。
- 二次色是指橙、紫、绿色，处在三原色之间，形成另一个等边三角形，如图 4-5 所示。

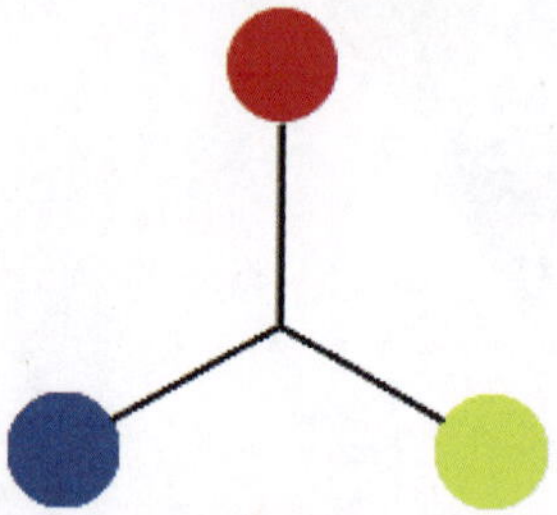

图 4-4 三原色

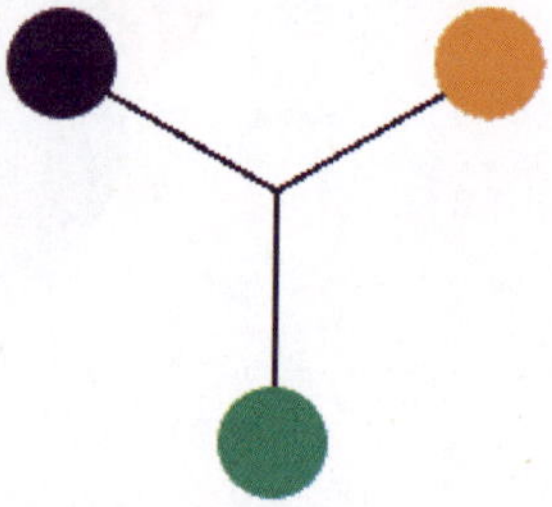

图 4-5 二次色

通过对比可以发现，在上述 6 种标准色的排列中，三原色之间总是间隔着一个二次色，因此，只需要记住标准色就可以区分三原色和二次色。

4.2 色彩搭配技巧

在页面设计中，色彩搭配是树立网店形象的关键，色彩处理得好可以使页面锦上添花，达到事半功倍的效果。色彩搭配一定要合理，给人一种和谐、愉快的感觉，避免采用容易造成视觉疲劳的、纯度很高的单一色彩。在设计页面色彩时应该了解一些搭配技巧，以便更好地应用色彩。

1. 色彩的鲜明性

网店页面的色彩要鲜明，容易引人注目，给浏览者耳目一新的感觉。如图 4-6 所示是色彩鲜明的页面。

图 4-6　色彩鲜明的页面

2. 色彩的独特性

网店页面的用色必须有自己独特的风格，这样才能给浏览者留下深刻的印象。如图 4-7 所示的页面采用了独特的色彩。

图 4-7　页面采用独特的色彩

3. 同种色彩搭配

同种色彩搭配是指首先选定一种色彩，然后调整透明度或饱和度，将色彩变淡或加深，产生新的色彩。这样的页面看起来色彩统一、有层次感，如图 4-8 所示。

图 4-8 同种色彩搭配

4. 对比色彩搭配

一般来说，色彩的三原色（红、黄、蓝）最能体现色彩间的差异。色彩的对比强，看起来就极具诱惑力，能够起到集中视线的作用。对比色可以突出重点，产生强烈的视觉效果。通过合理使用对比色，能够使网店特色鲜明、重点突出，如图 4-9 所示。

图 4-9 对比色彩搭配

5. 邻近色彩搭配

邻近色是在色环上相邻的颜色，如绿色和蓝色、红色和黄色就互为邻近色。采用邻近色可以使页面避免色彩杂乱，易于达到页面的和谐统一。如图 4-10 所示为红色和黄色作为邻近色搭配。

图 4-10　红色和黄色作为邻近色搭配

6. 有主色的混合色彩搭配

有主色的混合色彩搭配是指以一种颜色作为主要颜色，即作为主色，同时辅以其他色彩混合搭配，形成缤纷而不杂乱的搭配效果，如图 4-11 所示。

图 4-11　有主色的混合色彩搭配

4.3 红色系的配色

红色的色感温暖，性格刚烈而外向，是一种对人刺激性很强的颜色。红色容易引人注意，也容易使人兴奋、激动、紧张、冲动。

红色在各种媒体中都有广泛的利用，除了具有较佳的明视效果，更被用来传达有活力、积极、热诚、温暖、前进等企业形象与精神。另外，红色也常被用作警告、危险、禁止、防火等标识色。如图 4-12 所示是红色的色阶。

图 4-12 红色的色阶

4.3.1 红色适合的配色方案

红色是强有力的色彩，是热烈、冲动的色彩。常见的红色配色方案如图 4-13 所示。

图 4-13 常见的红色配色方案

4.3.2　适用红色系的网店

在网店页面颜色应用中，以红色为主色调的网店比较多。红色的娇艳很容易让人联想到女人，美容化妆品、女装、婚庆等网店很适合用红色系搭配，容易营造出娇媚、诱惑、艳丽、热烈等气氛。

红色与橙色、黄色搭配，适合食品、饮料类网店，因为这几个色系和我们在日常生活中常见食品的颜色很接近。

如图 4-14 所示的化妆品网店页面，以红色为主色调，通过与黄色搭配使用，营造出喜庆、动感的氛围。

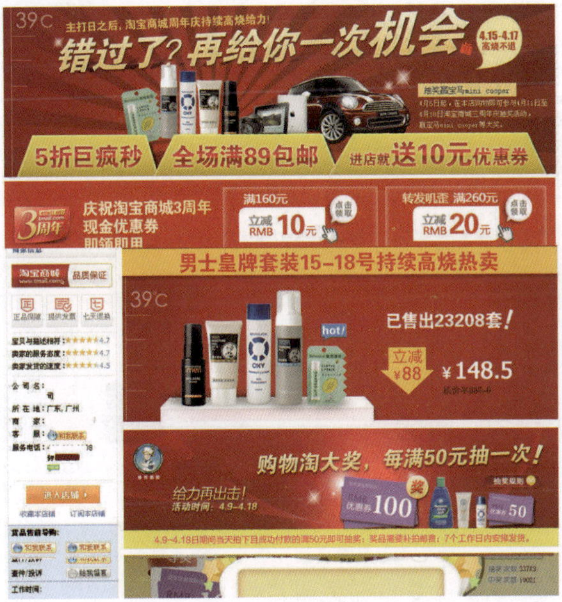

图 4-14　以红色为主色调、搭配黄色的化妆品网店页面

4.4　橙色系的配色

橙色居于红色和黄色之间。橙色是十分活泼的光辉色彩，是最暖的色彩，给人以华贵而温暖、兴奋而热烈的感觉，也是令人振奋的颜色。橙色具有健康、富有活力、勇敢、自由等象征意义，能给人以庄严、尊贵、神秘等感觉。如图 4-15 所示是橙色的色阶。

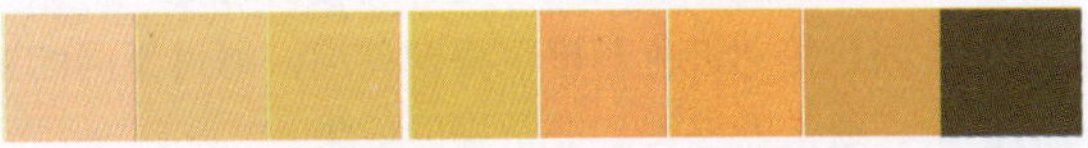

图 4-15　橙色的色阶

4.4.1 橙色适合的配色方案

橙色能够用来强化视觉。橙色是可以通过变换色调营造出不同氛围的典型颜色，它既能表现出青春的活力，也能够实现稳重的效果，所以橙色在页面中的使用范围是非常广泛的。如图 4-16 所示为常见的橙色配色方案。

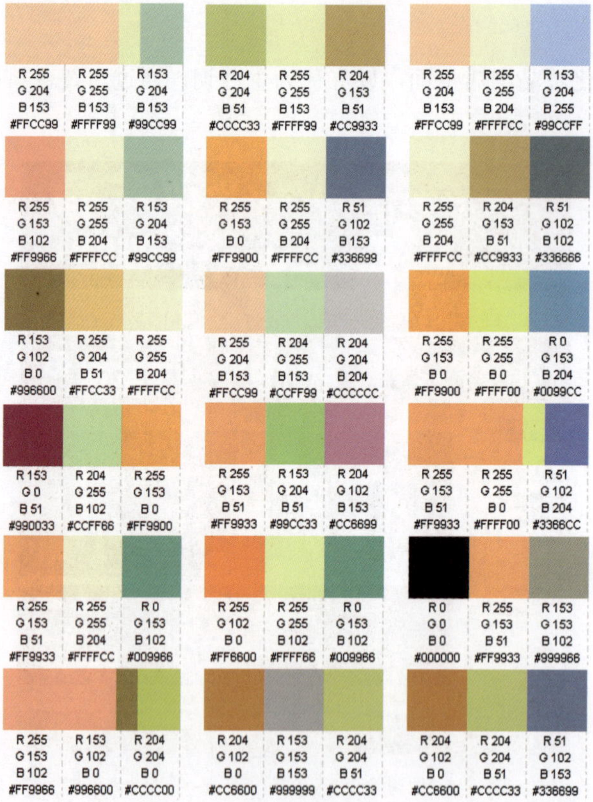

图 4-16 常见的橙色配色方案

★ 橙色系的配色方案 ★

- 在橙色中混入大量的白色，有一种干燥的气氛。
- 在橙色中混入少量的蓝色，能够形成强烈的对比，有一种紧张的气氛。
- 使用了高亮度橙色的页面通常会给人一种晴朗、新鲜的感觉。
- 在橙色中混入少量的红色，能够给人以明亮、温暖的感受。
- 将浅黄色、黄色、黄绿色等邻近色与橙色搭配使用，通过不同的明度和纯度的变化而得到更为丰富的色阶，通常能够得到非常好的效果。

4.4.2 适用橙色系的网店

橙色和很多食物的颜色类似，如橙子、面包、油炸类食品，是很容易引起食欲的色彩。如果是以销售这类食物为主的店铺，那么橙色是最适合的色彩。

橙色是积极、活跃的色彩。橙色的主色调适用范围较为广泛，除食品外，家居用品、时尚品牌、运动、儿童玩具类的网店都适合橙色系。

如图 4-17 所示为橙色与黄色等邻近色搭配的玩具网店页面，在视觉上处理得井然有序，整个页面看起来具有新鲜、充满活力的感觉。

图 4-17 橙色与黄色等邻近色搭配的玩具网店页面

4.5 黄色系的配色

黄色是各种色彩中最为娇气的一种颜色。黄色是有彩色中最明亮的颜色，能够给人留下明亮、辉煌、灿烂、愉快、高贵、柔和的印象；同时又容易引起味觉的条件反射，给人以甜美、香酥感。如图 4-18 所示是黄色的色阶。

图 4-18 黄色的色阶

4.5.1 黄色适合的配色方案

黄色是在页面配色中使用极为广泛的颜色之一。黄色和其他颜色配合很活泼，有温暖感，具有快乐、希望、智慧和轻快的个性。黄色有着金色的光芒，有希望与功名等象征意义。黄色也代表着土地、象征着权力，并且还具有神秘的宗教色彩。如图 4-19 所示为常见的黄色配色方案。

图 4-19 常见的黄色配色方案

★ 黄色系的配色方案 ★

- 在黄色中加入少量的蓝色，会使其转化为一种鲜嫩的绿色，其高傲的性格也随之消失，趋于一种平和、潮润的感觉。
- 在黄色中加入少量的红色，则具有明显的橙色感觉，其性格也会从冷漠、高傲转化为一种有分寸感的热情、温暖。
- 在黄色中加入少量的黑色，其色感和色性变化最大，成为一种具有明显橄榄绿的复色印象，其色性也变得成熟、随和。
- 在黄色中加入少量的白色，其色感变得柔和，其性格中的冷漠、高傲被淡化，趋于含蓄，易于接近。

4.5.2　适用黄色系的网店

黄色与某些食物的色彩相似，可以用于食品类店铺。另外，黄色的明度很高，是活泼、欢快的色彩，有智慧、快乐的个性，可以给人甜蜜、幸福的感觉。在很多网店设计中，黄色都用来表现喜庆的气氛和富饶的商品；很多高档物品的店铺也适合黄色系，给人一种华贵的感觉。如图 4-20 所示为适用黄色系的网店页面。

图 4-20　适用黄色系的网店页面

4.6 紫色系的配色

紫色的色彩心理具有创造、谜、忠诚、神秘、稀有等内涵，象征着女性化，代表着高贵和奢华、优雅与魅力，也象征着神秘与庄重、神圣和浪漫。如图 4-21 所示是紫色的色阶。

图 4-21 紫色的色阶

4.6.1 紫色适合的配色方案

紫色与紫红色都是非常女性化的颜色，给人的感觉通常是浪漫、柔和、华丽、高贵、优雅，粉红色更是女性化的代表颜色。不同色调的紫色可以营造出非常浓郁的女性化气息，而且在白色的背景色和灰色的突出颜色的衬托下，紫色可以显示出更大的魅力。高彩度的紫红色可以表现出超凡的华丽，而低彩度的粉红色可以表现出高雅的气质。如图 4-22 所示为常见的紫色配色方案。

图 4-22 常见的紫色配色方案

★ 紫色系的配色方案 ★

- 当紫色中红色的成分较多时，其知觉具有压抑感、威胁感。
- 在紫色中加入少量的黑色，其感觉就趋于沉闷、伤感、恐怖。
- 在紫色中加入白色，可使紫色沉闷的性格消失，变得优雅、娇气，并充满女性的魅力。

4.6.2　适用紫色系的网店

紫色通常用于以女性为对象或以艺术品为主的网店。另外，紫色是高贵、华丽的色彩，很适合表现珍贵、奢华的商品。如图 4-23 所示的网店页面，低纯度的暗紫色能很好地表达优雅、自重、高品位的感受，紫色的色彩配合时尚的产品，符合该页面主题所要表达的环境，让人容易记住它。

图 4-23　适用紫色系的网店页面

4.7 绿色系的配色

在商业设计中，绿色所传达的是清爽、理想、希望、生长的意象，符合服务业、卫生保健业、教育行业、农业的要求。如图 4-24 所示是绿色的色阶。

图 4-24 绿色的色阶

4.7.1 绿色适合的配色方案

绿色是一种让人感到舒适并且亲和力很强的色彩。绿色居于黄色和蓝色之间，偏向自然美，可传达宁静、生机勃勃、宽容的意象，可与多种颜色搭配而达到和谐的效果，也是页面中使用极为广泛的颜色之一。如图 4-25 所示为常见的绿色配色方案。

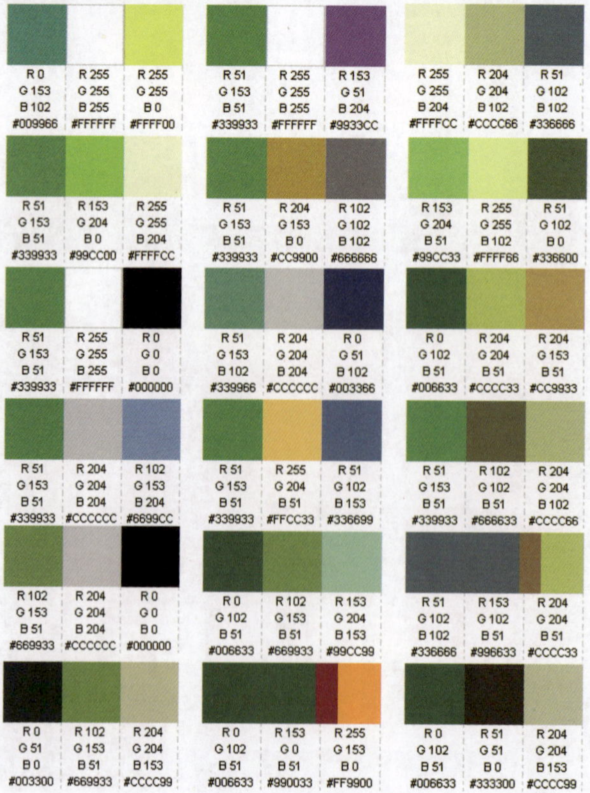

图 4-25 常见的绿色配色方案

★ 绿色系的配色方案 ★

- 当绿色中黄色的成分较多时，其性格就趋于活泼、友善，具有幼稚性。
- 在绿色中加入少量的黑色，其性格就趋于庄重、老练、成熟。
- 在绿色中加入少量的白色，其性格就趋于洁净、清爽、鲜嫩。

4.7.2　适用绿色系的网店

绿色通常与环保意识有关，也经常被联想到有关健康方面的事物。它本身具有一定的与自然、健康相关的感觉，所以经常被用于与自然、健康相关的网店。另外，绿色还经常被用于一些生态特产、护肤品、儿童商品或旅游网店。如图 4-26 所示为适用绿色系的健康产品网店页面。

图 4-26　适用绿色系的健康产品网店页面

4.8　蓝色系的配色

蓝色给人以沉稳的感觉，且具有深远、永恒、沉静、博大、理智、诚实、寒冷的意象，同时还能够表现出和平、淡雅、洁净、可靠等内涵。在商业设计中强调科技、商务的形象大多选用蓝色作为标准色。如图 4-27 所示是蓝色的色阶。

图 4-27　蓝色的色阶

4.8.1　蓝色适合的配色方案

蓝色朴实、不张扬，可以衬托那些活跃、具有较强扩张力的色彩，为它们提供一个深远、广博、平静的空间。蓝色还是一种在淡化后仍然能保持较强个性的颜色。

蓝色是冷色系的典型代表，而黄色、红色是暖色系的典型代表，冷暖色系对比度大，较为明快，很容易感染、带动浏览者的情绪，有很强的视觉冲击力。

蓝色是容易获得信任的色彩，蓝色调的网页在互联网上十分常见。如图 4-28 所示为常见的蓝色配色方案。

图 4-28　常见的蓝色配色方案

★ 蓝色系的配色方案 ★

- 在蓝色中分别加入少量的红、黄、黑、橙、白等颜色，均不会对蓝色的性格产生较明显的影响。
- 如果在蓝色中黄色的成分较多，那么其性格趋于甜美、亮丽、芳香。
- 在蓝色中混入少量的白色，可使其知觉趋于焦躁、无力。

4.8.2 适用蓝色系的网店

深蓝色是沉稳的且较常用的色调，能给人以稳重、冷静、严谨、成熟的心理感受。它主要用于营造安稳、可靠、略带神秘色彩的氛围。蓝色具有智慧、科技的含义，因此，数码产品、科技类产品、家电类产品的网店很适合蓝色系。

蓝色很容易让人联想起海洋、天空等自然界中的事物，因此也常被用在旅游类的页面中，如图 4-29 所示。

图 4-29 适用蓝色系的网店页面

4.9 无彩色的配色

无彩色配色法是指以黑色、白色、灰色这样的无彩色进行搭配。无彩色为素色，没有彩度，但是如果将这些素色进行不同的组合搭配，则可以产生韵味不同的、风格各异的效果。无彩色在颜色搭配上比较自由随意，难度不大，总能营造出自然、统一、和谐的气氛。

4.9.1 白色系的网店

白色的物理亮度最高，但是给人的感觉却偏冷。作为生活中纸和墙的色彩，白色是最常用的页面背景色，在白色的衬托下，大多数色彩都能取得良好的表现效果。白色给人的感觉有洁白、明快、纯粹、客观、真理、纯朴、神圣、正义、光明等。如图 4-30 所示，整个页面以白色为主色调，给人以干净、清爽的感觉。

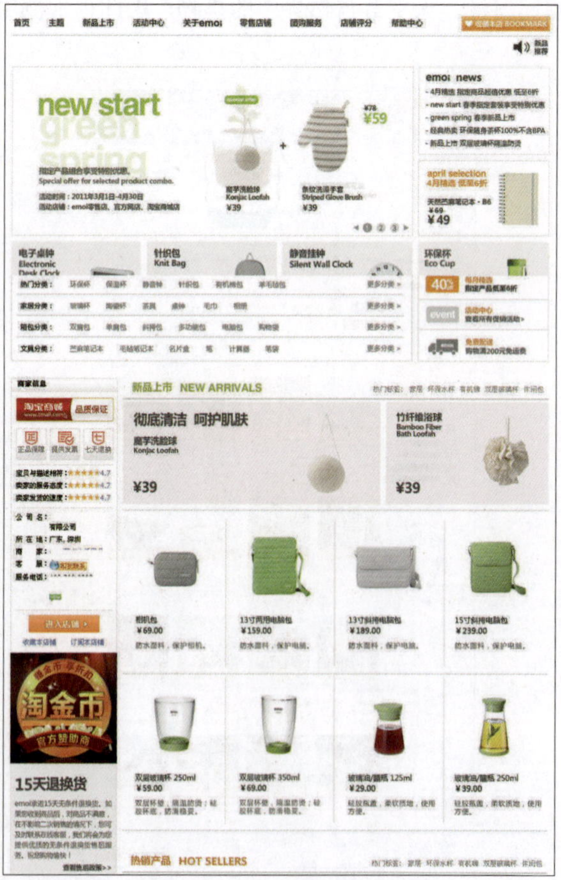

图 4-30 采用白色系的网店

4.9.2　灰色系的网店

灰色居于黑色与白色之间，属于中等明度。灰色是所有色彩中最被动的色彩，受有彩色影响极大，靠邻近的色彩获得生命，若靠近鲜艳的暖色，就会显示出冷静的品格；若靠近冷色，则变为温和的暖灰色。

灰色在商业设计中具有柔和、高雅的意象，属中性色彩，男女皆能接受，所以灰色也是永远流行的主要颜色。在许多高科技产品中，尤其是和金属材料有关的产品，几乎都采用灰色来传达高级、科技的形象。在使用灰色时，大多利用不同的层次变化组合或搭配其他色彩，才不至于产生过于平淡、沉闷、呆板、僵硬的感觉。如图 4-31 所示为采用灰色与黑色搭配的页面。

图 4-31　采用灰色与黑色搭配的页面

4.9.3 黑色系的网店

黑色是全色相，即饱和度和亮度都为 0 的无彩色。较暗色是指亮度极暗，接近黑的色彩。这类色彩的属性几乎脱离色相，集成黑色，却比黑色富有表现力。因此，如果能把握好色相，那么设计师应尽可能地用较暗色取代黑色。

黑色是一种流行的主要颜色，适合和许多色彩搭配。黑色具有高贵、稳重、庄严、坚毅、科技的意象，许多男装、数码产品类店铺的用色大多采用黑色与灰色。另外，黑色也常被用在音乐类网店中。如图 4-32 所示为采用黑色系的男装店铺。

图 4-32 采用黑色系的男装店铺

第 5 章 商品图片的处理

开店指导

在淘宝网店上，商品图片就是对商品的一种展示，是对商品文字描述的一种补充。毕竟文字的描述不够全面，无法让客户直观地感受商品，判断商品的优劣；而图片不仅能够展示商品的全貌，更能让客户看到商品的每一个细节、做工及商品的质感，从而让客户感受到商品的价值。因此，高品质的商品图片就显得尤为重要。本章将详细讲述商品图片的处理。

5.1 商品主图的尺寸规范

网上商店精美的商品图片能使人产生愉悦的快感，增加商品销售成交率。淘宝商品图片分为两种：一种是宝贝标题图片，也就是客户在搜索结果及广告等各个地方看到的商品的缩略图，他们通过这张图片来大致了解你的商品是什么样的；另一种就是宝贝描述图片，这部分图片对标题图片起到补充的作用，图片尺寸可以更大，并且限制较少。

淘宝对于图片的尺寸，不同的地方有不同的规定。另外，图片太大也会影响页面的打开速度，所以常常要调整图片大小。本节将讲述如何利用 Photoshop 调整图片的尺寸，具体操作步骤如下。

（1）启动 Photoshop CC，打开需要修改的图像文件，如图 5-1 所示。

图 5-1 打开图像文件

（2）选择“图像”|“编辑”|“图像大小”命令，弹出“图像大小”对话框，设置图像宽度和高度，如图 5-2 所示。

（3）单击“确定”按钮，即可修改图像大小，如图 5-3 所示。

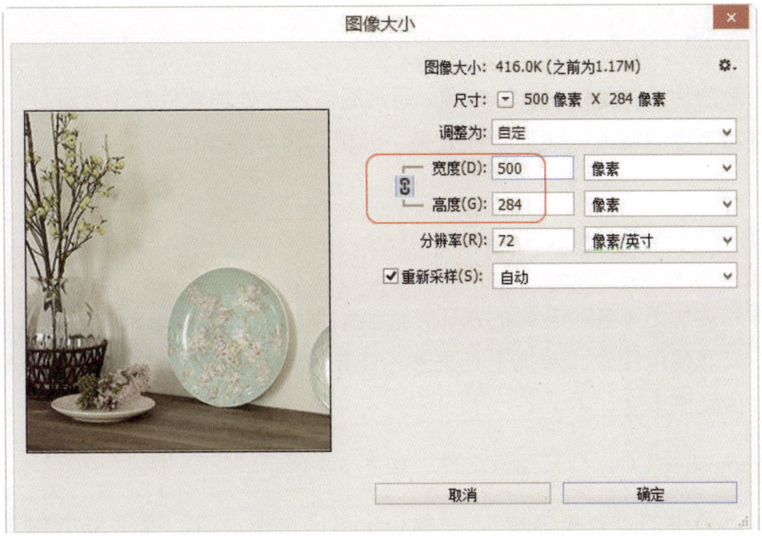

图 5-2 “图像大小”对话框

图 5-3 修改图像大小

5.2 图片修复技巧

图片修复即对图片进行处理、修改、恢复。通常通过图片处理软件对图片进行调色、抠图、合成、明暗修改、彩度和色度的修改、添加特殊效果、编辑、修复等操作。

5.2.1 去除图片水印

很多素材图片被加上了各种各样的水印，而我们偏偏非常需要这张图片。有很多人认为水印是无法去除的，只能使用图章、涂抹工具来进行修补。其实，水印图片是可以被完美还原的。去除图片水印的具体操作步骤如下。

（1）启动 Photoshop CC，打开图像文件，如图 5-4 所示。

（2）选择工具箱中的“魔棒工具”，在舞台中单击选择水印，按住 Shift 键单击可以选择所有水印，如图 5-5 所示。

图 5-4 打开图像文件

图 5-5 选择水印

（3）选择“编辑”|“填充”命令，弹出“填充”对话框，将“使用”设置为“内容识别”，如图 5-6 所示。

（4）单击“确定”按钮，即可去除图片水印，如图 5-7 所示。

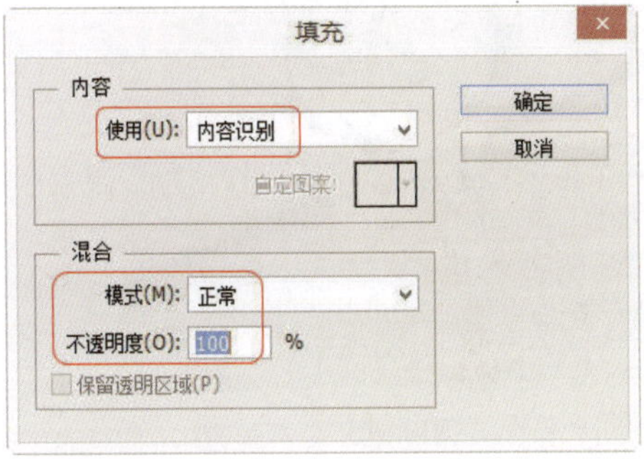

图 5-6　“填充”对话框

图 5-7　去除图片水印

5.2.2　修补商品图片曝光过度

由于在拍摄时光线太强烈，或者在拍摄时加入了太多的白色而看不清商品图片，这就是曝光过度。本小节将讲述如何调整曝光过度的图片，具体操作步骤如下。

（1）启动 Photoshop CC，打开一张曝光过度的图片，如图 5-8 所示。

图 5-8　曝光过度的图片

（2）选择“图像”|“调整”|“曝光度”命令，弹出“曝光度”对话框，如图 5-9 所示。

（3）在该对话框中将曝光度的值减小，然后单击“确定”按钮，即可调整图片的曝光度，如图 5-10 所示。

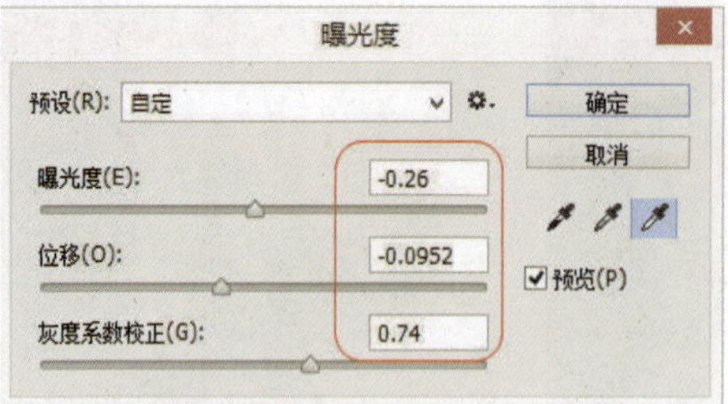

图 5-9 “曝光度”对话框

图 5-10 调整图片的曝光度

5.2.3 虚化商品轮廓

淘宝卖家在制作商品图片时，如何把图片制作成商品清晰而商品四周虚化的效果呢？具体操作步骤如下。

（1）启动 Photoshop CC，打开图像文件，如图 5-11 所示。

（2）选择工具箱中的“椭圆选框工具”，在舞台中绘制椭圆选区，如图 5-12 所示。

图 5-11 打开图像文件

图 5-12 绘制椭圆选区

（3）选择“选择”|“反选”命令，反选图像，如图 5-13 所示。

（4）选择“选择”|“修改”|“羽化”命令，弹出“羽化选区”对话框，将“羽化半径”设置为 50 像素，如图 5-14 所示。

图 5-13　反选图像

图 5-14　设置羽化半径

（5）单击“确定”按钮，羽化选区。按 Ctrl+Delete 组合键，弹出“填充”对话框，将“使用”设置为“前景色”，如图 5-15 所示。

（6）单击“确定”按钮，图像边缘被柔化，如图 5-16 所示。

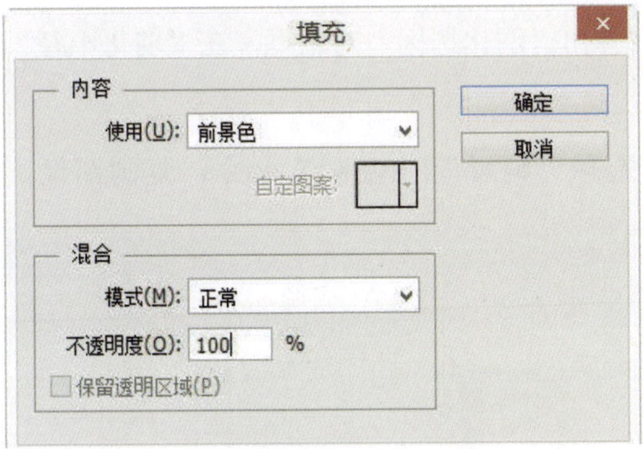

图 5-15　“填充”对话框

图 5-16　图像边缘被柔化

5.3　抠图技巧

在使用 Photoshop 处理图片的时候，经常用到“抠图”的方法将对象从背景中分离出来，这是一种十分重要并且应该熟练掌握的技术。

5.3.1　把图片中的商品抠出来

下面讲述利用多边形套索工具抠取图像，具体操作步骤如下。

（1）启动 Photoshop CC，打开图像文件，如图 5-17 所示。

（2）选择工具箱中的“多边形套索工具”，在舞台中绘制选区，如图 5-18 所示。

图 5-17　打开图像文件

图 5-18　绘制选区

（3）选择“选择”|“修改”|“羽化”命令，弹出“羽化选区”对话框，在“羽化半径”文本框中输入“1.5”，如图 5-19 所示。

（4）单击“确定”按钮，设置羽化效果。选择“编辑”|“复制”命令，复制图像，如图 5-20 所示。

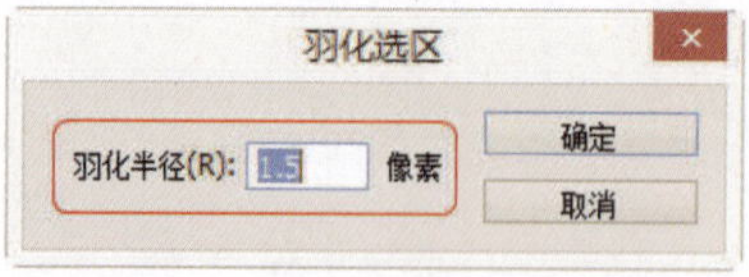

图 5-19　“羽化选区”对话框

图 5-20　复制图像

（5）选择“文件”|“新建”命令，弹出“新建”对话框，将“背景内容”设置为“透明”，如图 5-21 所示。

（6）单击“确定”按钮，新建透明文档。选择“编辑”|“粘贴”命令，将复制的图像粘贴到背景图像上，如图 5-22 所示。

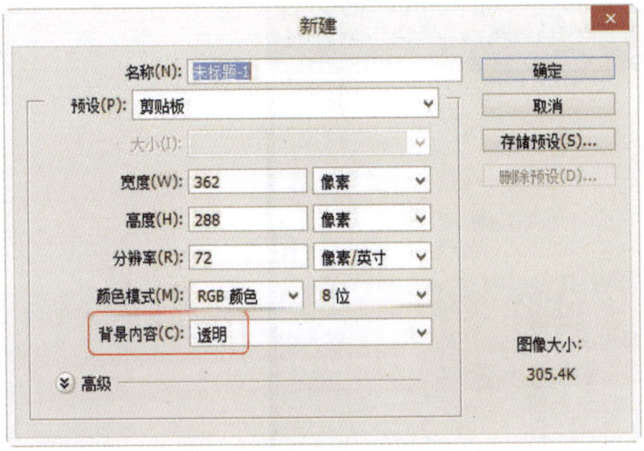

图 5-21　“新建”对话框

图 5-22　粘贴图像

5.3.2　把抠出来的图片合成在一起

我们有时候需要把抠出来的图片粘贴到需要的背景中，只需简单的几步就能给图片更换一个崭新的背景。具体操作步骤如下。

（1）启动 Photoshop CC，打开背景图像文件，如图 5-23 所示。

（2）打开 5.3.1 节中制作好的图像文件，按 Ctrl+A 组合键全选图像，选择“编辑”|“复制”命令，复制图像，如图 5-24 所示。

图 5-23　打开背景图像文件

图 5-24　复制图像

（3）返回背景图像，按 Ctrl+V 组合键粘贴图像，如图 5-25 所示。

图 5-25 粘贴图像

5.4 调整图片颜色

几乎所有卖家的商品都会遇到色差问题，这是因为多数中小卖家不是专业的摄影师出身，也没有办法花费高额的费用聘请专业的摄影师对销售的商品进行专业拍摄。使用 Photoshop 修改图片颜色的方法有很多，如替换颜色、选取颜色范围、匹配颜色、色调均化、去色、色相 / 饱和度、色彩平衡等。

5.4.1 适当的亮度

1. 色阶

图片的色彩丰满度和精细度是由色阶决定的。在拍摄商品时，最常遇到的问题是亮度不够，照片显得灰暗。在 Photoshop 中处理这类图片，一般使用“色阶”命令。如图 5-26 所示是原始图片，非常暗，不适合上传。

我们使用 Photoshop 打开该图片，选择“图像”|“调整”|“色阶”命令，弹出“色阶”对话框，如图 5-27 所示为调整色阶前的设置，如图 5-28 所示为调整色阶后的设置。

单击“确定”按钮，调整色阶后的效果如图 5-29 所示。

图 5-26 原始图片

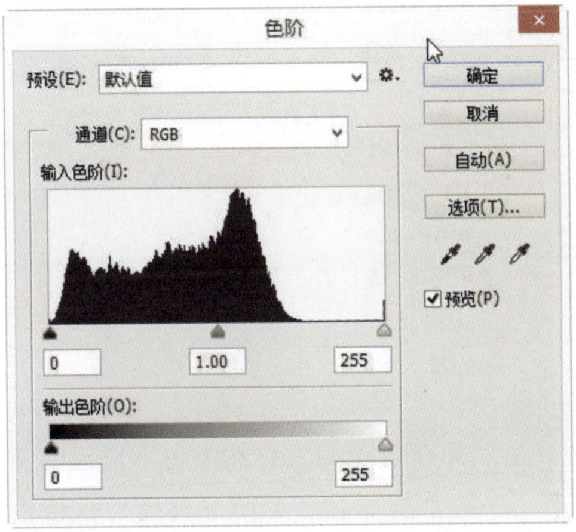

图 5-27 调整色阶前的设置

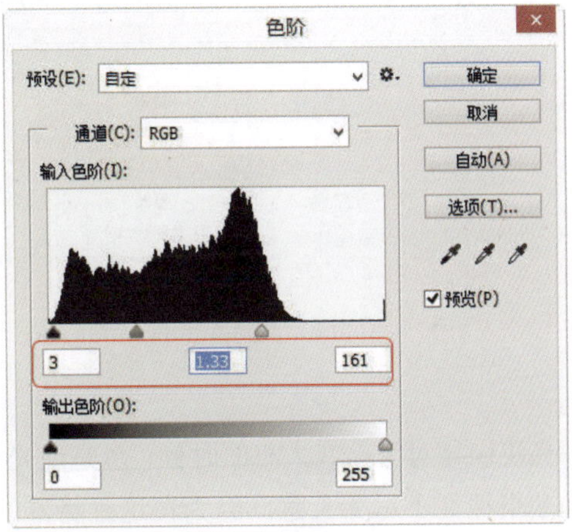

图 5-28 调整色阶后的设置

图 5-29 调整色阶后的效果

调整色阶最简捷的方法是调整图 5-28 中的三个三角形滑块，其使用方法如下。

（1）黑色的三角形滑块：调整图像暗部，效果是使暗部更暗。

（2）灰色的三角形滑块：调整中间色调，既可以调亮，也可以调暗。

（3）白色的三角形滑块：调整图像亮部，效果是使亮部更亮。

2. 阴影 / 高光

从 Photoshop CS2 开始，Photoshop 提供了一个非常有效的命令，可以用来处理局部已经曝光过度，但主体偏暗，看不清细节的图片，这就是“图像”|“调整”|“阴影 / 高光”菜单命令。选择该命令后，会弹出“阴影 / 高光”对话框，如图 5-30 所示。通过调整“阴阳 / 高光”，能够保证曝光过度的区域保持不变，将暗部的细节调亮，从而更好地展现暗部的细节效果。

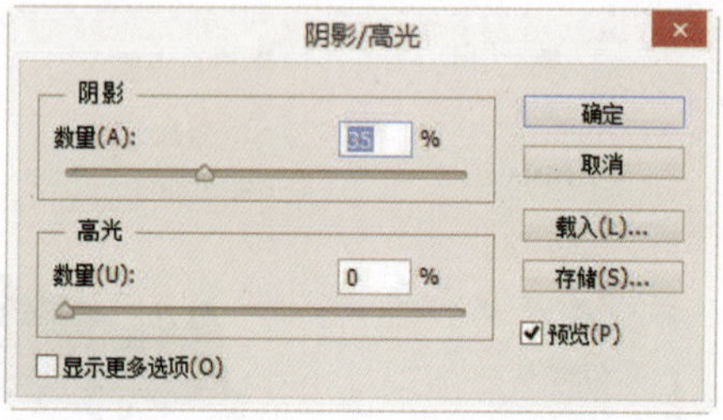

图 5-30 “阴阳 / 高光”对话框

当我们背对雪山或大海的时候，总是逆光拍摄的，虽然想在美丽的大自然中留下自己的身影，但是效果往往不尽如人意，因为在这种特殊的环境下，一般都会导致背景曝光过度，人像发黑。如图 5-31 所示是原始图片。在调整“阴影 / 高光”后，人物得到了补光，大海的暗部也更好地表现出了真实的效果，如图 5-32 所示。

图 5-31 原始图片

图 5-32 调整“阴影 / 高光”后的效果

5.4.2　正确的色彩

1．色阶的白平衡功能

许多人在使用数码相机拍摄照片的时候会遇到这样的问题：在室内日光灯下拍摄出来的照片会偏绿色，在室内钨丝灯光下拍摄出来的照片会偏黄色，而在日光阴影处拍摄出来的照片则莫名其妙地偏蓝色，其原因就在于“白平衡”的设置上。

“色阶”命令有一个功能经常被人忽略：色阶可以对白平衡进行调整。这个功能对网店卖家来说太重要了。因为无论使用多么高级的数码相机拍照，仍然没有办法将白平衡处理得很好。

如图 5-33 所示的商品图片，本来是红棕色的背景却被拍成了偏蓝色。我们可以打开“色阶”对话框，单击“选项”按钮，如图 5-34 所示。

图 5-33　原始图片

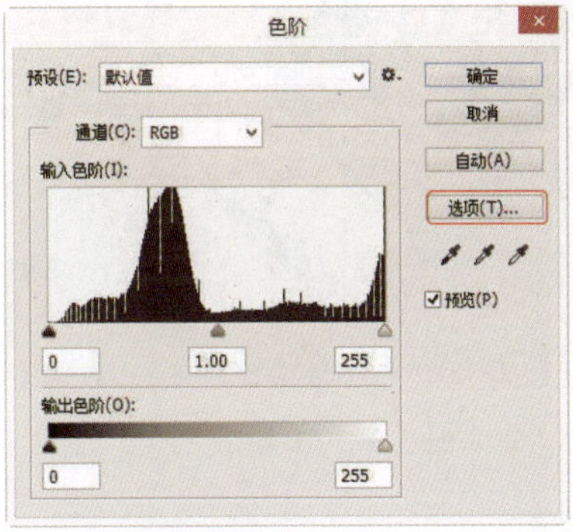

图 5-34　“色阶”对话框

弹出“自动颜色校正选项”对话框，选择“查找深色与浅色”单选按钮，如图 5-35 所示。单击“确定”按钮，可以自动匹配颜色，去除蓝色，效果如图 5-36 所示。

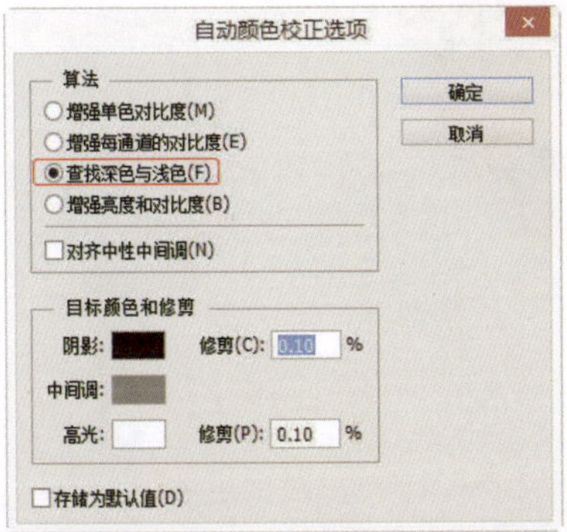

图 5-35　“自动颜色校正选项”对话框

图 5-36　调整色阶后的效果

2. 曲线调偏色

“曲线”命令是调整偏色最有效的命令。如图 5-37 所示的原始图片是一件偏色的衣服，我们利用“曲线”命令对其进行调整，调整的参数如图 5-38 所示，注意图中分别调整了 RGB 通道中的曲线形状。调整好之后，效果如图 5-39 所示。

图 5-37 原始图片

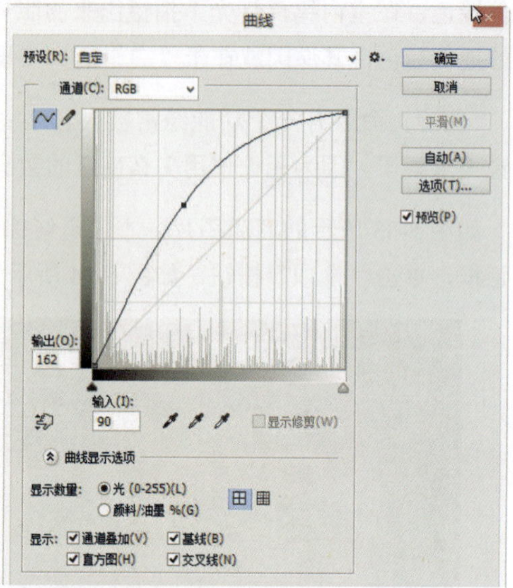

图 5-38 调整“曲线”参数

图 5-39 调整偏色后的效果

3. 饱和度调鲜艳程度

“色相/饱和度”命令主要用来调整图像的鲜艳程度。在使用时，只要调整打开的对话框中的“饱和度”参数就可以了。一般来说，使用数码相机拍摄的照片，由于镜头的感光能力有限，颜色和实物对比，一般会不够鲜艳，如图 5-40 所示。我们将“色相 / 饱和度”对话框中的“饱和度”滑块向左拖动，如图 5-41 所示，就可以调整照片的饱和度，效果如图 5-42 所示。

图 5-40　原始图片

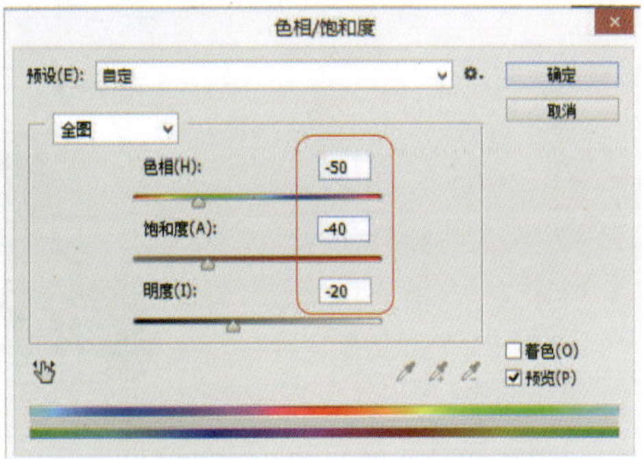

图 5-41　“色相 / 饱和度”对话框

图 5-42　调整饱和度后的效果

5.5　水印、边框、批处理

使用 Photoshop 给宝贝图片添加水印、边框，就是对自己的宝贝图片进行加工处理，主要目的是突出宝贝、防止图片被别人盗用和统一店铺风格。

5.5.1　添加水印

为了吸引客户，卖家通常会使用各种办法把店铺中的商品拍得更加漂亮，可以说每张商品图片都是卖家的劳动成果。但是部分卖家直接盗用别人的图片，用在自己的店铺里。如果卖家一一举报，则会浪费很多精力。最好的方法是为自己的图片添加水印。具体操作步骤如下。

（1）启动 Photoshop CC，打开图像文件，如图 5-43 所示。

图 5-43　打开图像文件

（2）选择工具箱中的“横排文字工具”，在图片上输入文字“依琳女鞋”，如图 5-44 所示。

（3）打开“图层”调板，将不透明度设置为“20%”，如图 5-45 所示，可以看到给图片添加了一个水印。

图 5-44　输入文字

图 5-45　设置不透明度

5.5.2 添加边框

为图片添加边框的具体操作步骤如下。

（1）启动 Photoshop CC，打开图像文件，按 Ctrl+A 组合键全选图像，如图 5-46 所示。

（2）选择“编辑”|“描边”命令，弹出“描边”对话框，根据图像选择边框的宽度和颜色，如图 5-47 所示。

图 5-46　打开图像文件

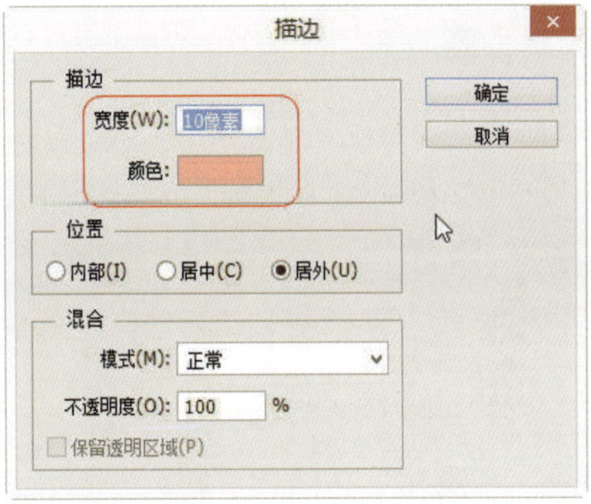

图 5-47　“描边”对话框

（3）单击“确定”按钮，给图像添加边框效果，如图 5-48 所示。

（4）选择工具箱中的“魔棒工具”，在舞台中单击选择边框，如图 5-49 所示。

图 5-48　添加边框效果

图 5-49　选择边框

（5）选择“滤镜”|“风格化”|“风”命令，弹出“风”对话框，将“方法”设置为“大风”，如图 5-50 所示。

（6）单击“确定”按钮，设置风效果，如图 5-51 所示。

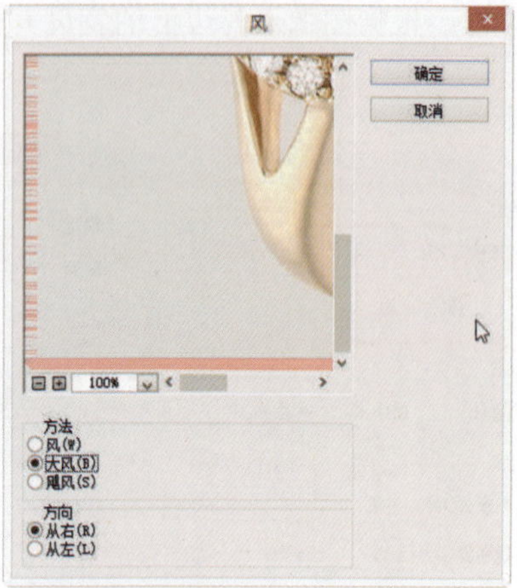

图 5-50 “风”对话框

图 5-51 设置风效果

5.5.3 批处理提高工作效率

在处理宝贝图片时，常常需要同时处理几十张，如果每一张都打开处理，则要花费很多时间和精力。下面就来详细讲述如何进行批处理，具体操作步骤如下。

（1）启动 Photoshop CC，打开相应的图像文件，如图 5-52 所示。

（2）选择“窗口”|“动作”命令，打开“动作”面板，如图 5-53 所示。

图 5-52 打开图像文件

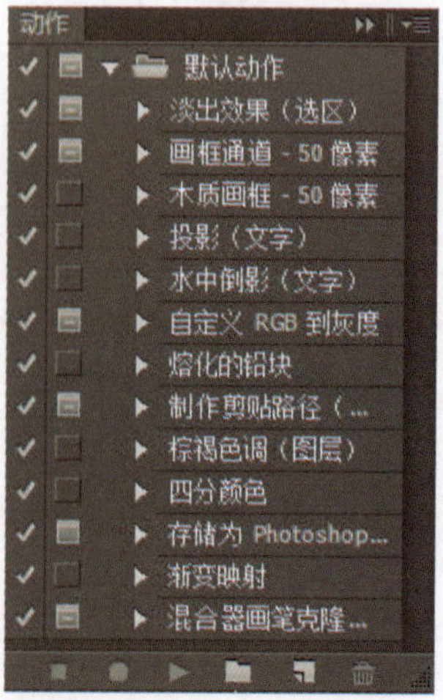

图 5-53 “动作”面板

（3）单击右下角的“创建新动作”按钮，弹出“新建动作”对话框，如图 5-54 所示。

（4）单击“记录”按钮，即可新建一个动作，如图 5-55 所示。

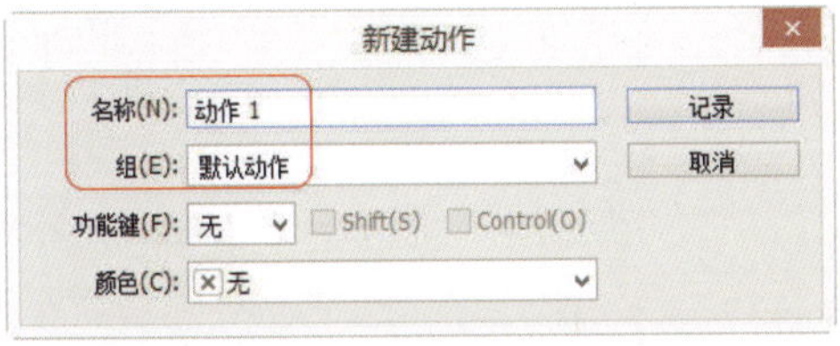

图 5-54　“新建动作”对话框

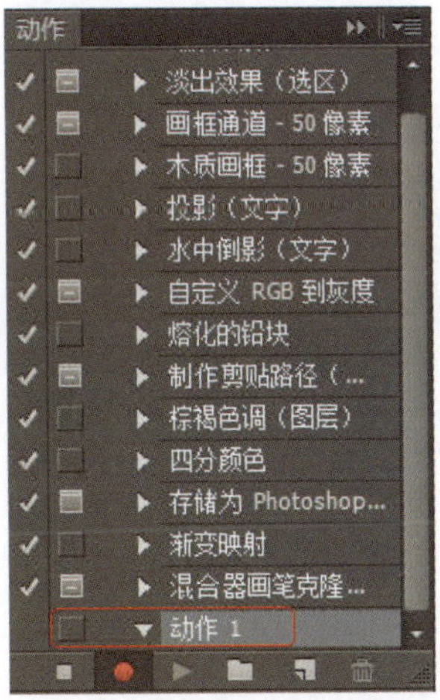

图 5-55　新建动作

（5）选择“图像”|“调整”|“变化”命令，弹出“变化”对话框，选择相应的样式，如图 5-56 所示。

（6）单击“确定”按钮，效果如图 5-57 所示。然后单击“动作”面板左下角的“停止播放 / 记录”按钮，停止记录。

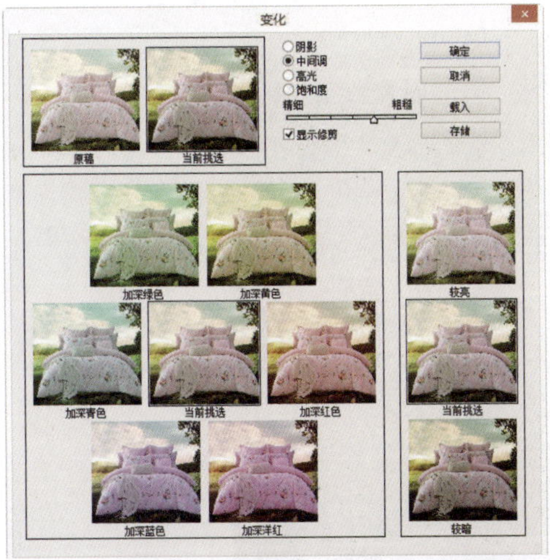

图 5-56　“变化”对话框

图 5-57　调整图像亮度

（7）选择“文件”|“自动”|“批处理”命令，弹出“批处理”对话框，单击“源”下面的“选择”按钮，如图 5-58 所示，在打开的“浏览”对话框中选择图像所在的位置。

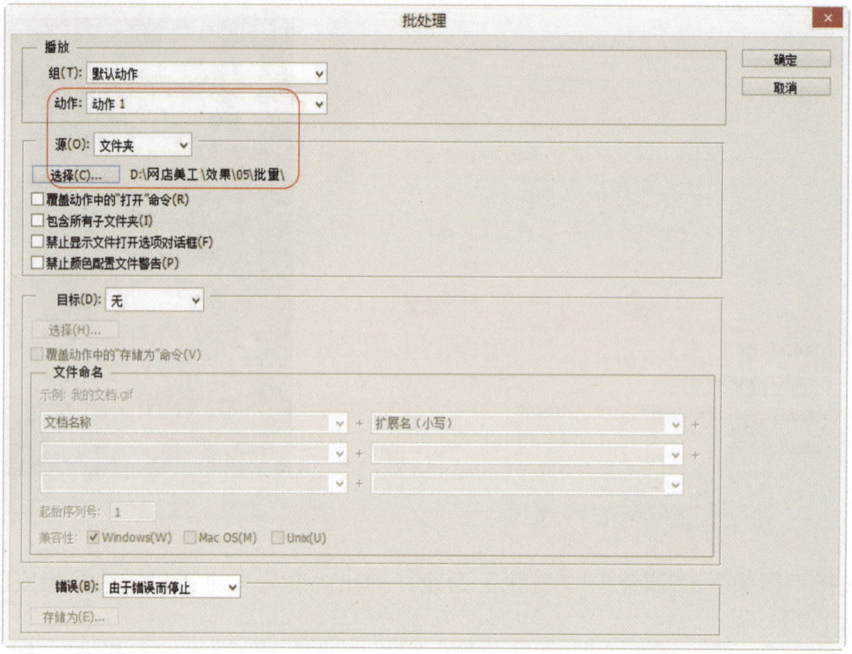

图 5-58 “批处理”对话框

（8）单击“确定”按钮，即可对文件中所有的图像进行调整，如图 5-59 所示。

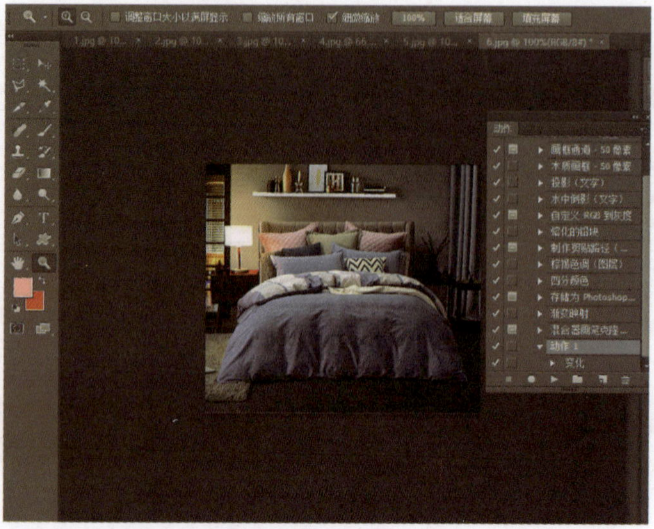

图 5-59 批处理完毕

5.6　裁剪和优化图片

很多淘宝卖家都会遇到这样的问题：辛辛苦苦设计的宝贝描述图片太大，上传到网店后会造成网页的打开速度很慢。一旦出现这种情况，很多客户可能就会直接把网页关闭，这时就算我们的宝贝再有卖点和吸引力，也无法向客户展示了。针对这个问题，图片的裁剪和优化就显得非常重要了。下面就来讲述如何利用 Photoshop 裁剪和优化宝贝描述图片。具体操作步骤如下。

（1）启动 Photoshop CC，打开图像文件，选择工具箱中的“裁剪切片工具”，如图 5-60 所示。

爱是什么？
爱是一种感受，即使痛苦也会觉得幸福；
爱是一种体会，即使心碎也会觉得甜蜜；
爱是一种经历，即使破碎也会觉得美丽。

图 5-60　打开图像文件并选择“裁剪切片工具”

（2）按住鼠标左键在舞台中绘制切片，如图 5-61 所示。

爱是什么？
爱是一种感受，即使痛苦也会觉得幸福；
爱是一种体会，即使心碎也会觉得甜蜜；
爱是一种经历，即使破碎也会觉得美丽。

图 5-61　绘制切片

（3）选择“文件”|“存储为 Web 所用格式”命令，弹出“存储为 Web 所用格式”对话框，将图片设置为 GIF 格式，如图 5-62 所示。

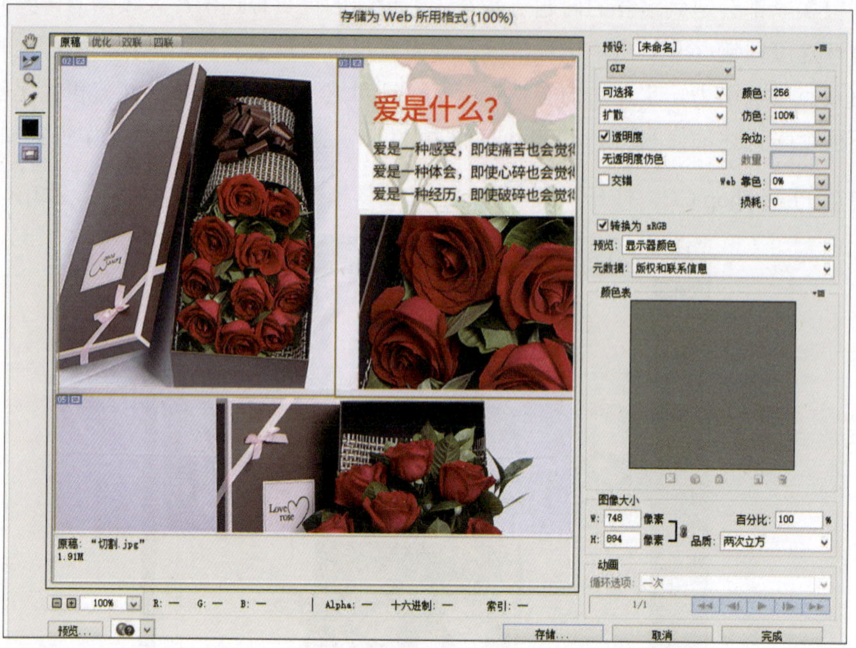

图 5-62 “存储为 Web 所用格式”对话框

（4）单击“存储”按钮，弹出“将优化结果存储为”对话框，将文件格式设置为“仅限图像”，如图 5-63 所示。

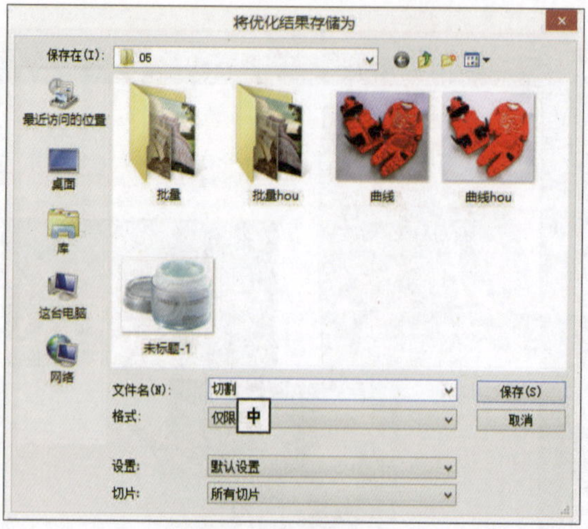

图 5-63 “将优化结果存储为”对话框

第 6 章
特效文字和常用图片设计

本章指导

文字在图像处理中起着非常重要的作用。利用 Photoshop 不仅可以处理商品图片，还可以设计出各种文字效果。本章主要介绍常用特效文字的制作方法。精美的特效文字已经被应用到按钮、广告中，只有熟练掌握特效文字的制作方法，才能够更好地完善图像处理的效果。

6.1 网店特效文字制作

通过 Photoshop 处理和设计过的文字图片表现力非常强，应用也非常广泛。本节我们就来讲述几种常见的网店特效文字的制作。

6.1.1 促销立体字效果

本小节将讲述如何利用 Photoshop 设计促销立体字效果，具体操作步骤如下。

（1）启动 Photoshop CC，打开图像文件，如图 6-1 所示。

（2）选择工具箱中的“横排文字工具”，在舞台中输入文字“抢年货啦”，在选项栏中设置字体和大小，如图 6-2 所示。

图 6-1　打开图像文件

图 6-2　输入文字

（3）单击选项栏中的“自定义变形”按钮，弹出“变形文字”对话框，将“样式”设置为波浪效果，如图 6-3 所示。

（4）单击“确定”按钮，设置变形效果，如图 6-4 所示。

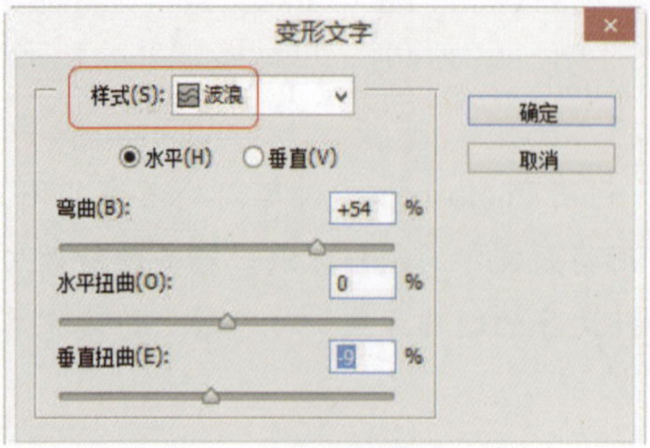

图 6-3　“变形文字”对话框

图 6-4　设置变形效果

（5）选择“图层”|“图层样式”|“投影”命令，弹出“图层样式”对话框，设置投影效果，如图 6-5 所示。

（6）勾选“渐变叠加”复选框，设置渐变颜色，如图 6-6 所示。

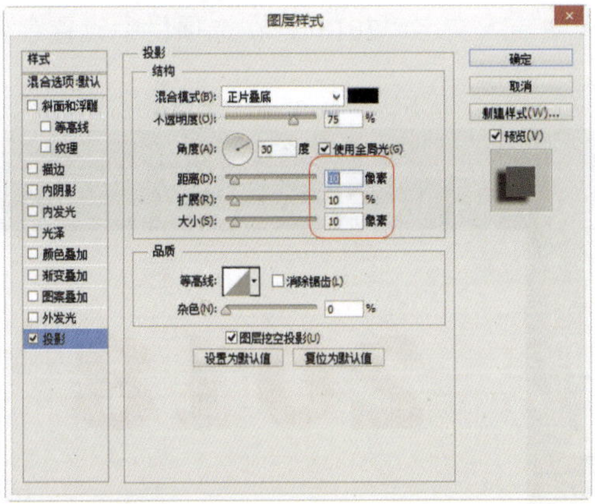

图 6-5　“图层样式”对话框

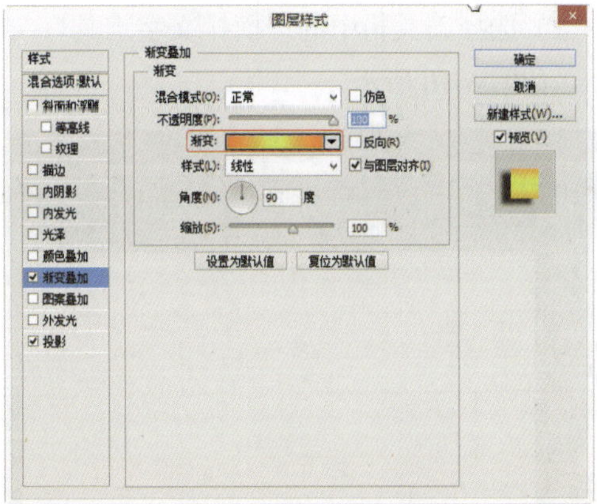

图 6-6　设置渐变颜色

（7）勾选“斜面和浮雕”复选框，“样式”选择“外斜面”，“方法”选择“雕刻清晰”，如图 6-7 所示。

（8）单击“确定”按钮，设置图层样式效果，如图 6-8 所示。

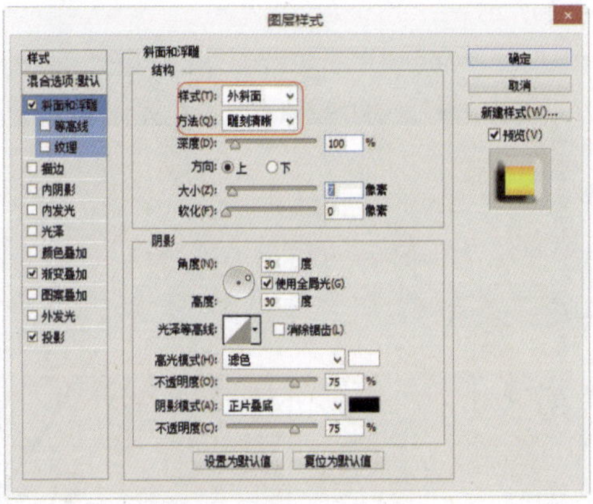

图 6-7　设置“斜面和浮雕”

图 6-8　设置图层样式效果

6.1.2　材质文字效果

在 Photoshop 中可以随意调整文字的颜色。有时候我们想给文字添加一种效果，不仅仅是颜色的改变，还要有纹理、材质的体现。本小节将讲述怎样利用 Photoshop 制作材质文字效果。具体操作步骤如下。

（1）启动 Photoshop CC，新建一个空白文档，如图 6-9 所示。

（2）选择工具箱中的“横排文字工具”，在舞台中输入文字“2018”，在选项栏中设置字体和大小，如图 6-10 所示。

图 6-9 新建空白文档

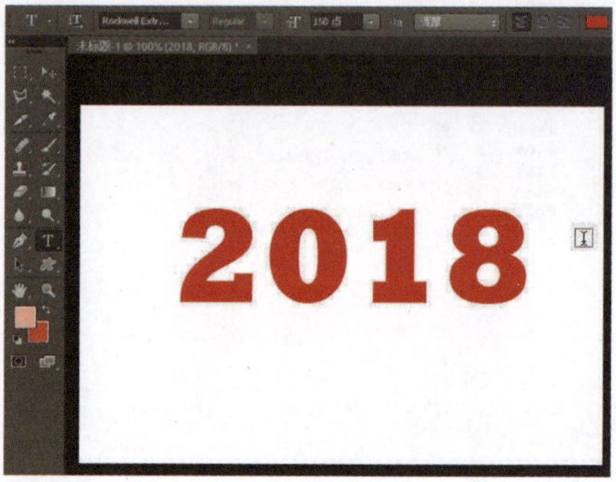

图 6-10 输入文字

（3）选择“文件”|“打开”命令，弹出“打开”对话框，选择需要打开的图像，如图 6-11 所示。

（4）单击“打开”按钮，打开图像文件，如图 6-12 所示。

图 6-11 “打开”对话框

图 6-12 打开图像文件

（5）选择“编辑”|“定义图案”命令，弹出“图案名称”对话框，设置图案名称，单击“确定”按钮，如图 6-13 所示。

（6）返回新建的空白文档，在“图层”面板中选择文字图层，单击鼠标右键，在弹出的快捷菜单中“栅格化文字”命令，栅格化文字，如图 6-14 所示。

图 6-13　“图案名称”对话框

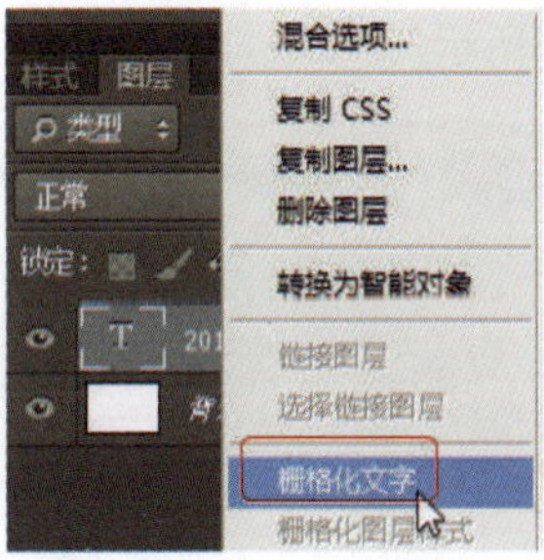

图 6-14　栅格化文字

（7）选择工具箱中的“魔棒工具”，单击选择输入的文本，如图 6-15 所示。

（8）选择“编辑”|“填充”命令，弹出“填充”对话框，将“使用”设置为“图案”，单击下面的图案按钮选择刚才添加的图案，如图 6-16 所示。

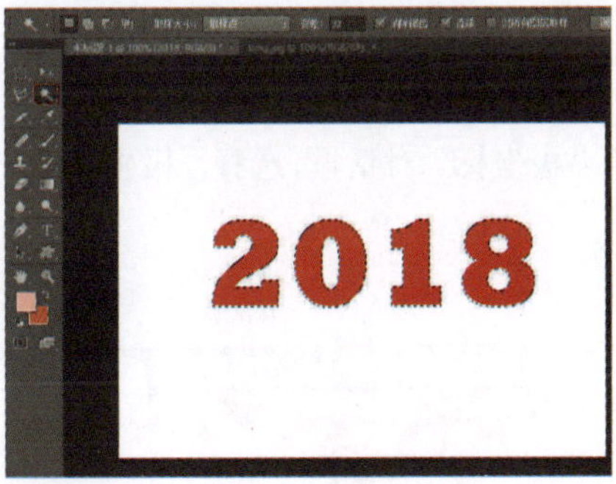

图 6-15　选择文本

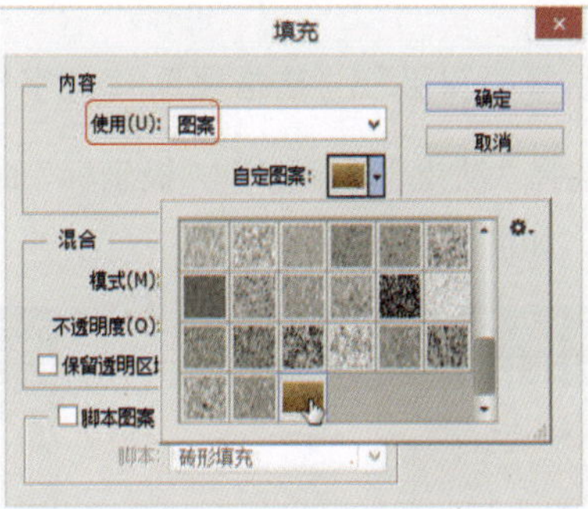

图 6-16　“填充”对话框

（9）单击“确定”按钮，制作木质文本，如图 6-17 所示。

图 6-17　木质文本

6.1.3　爆炸字体效果

本小节制作出来的爆炸字体效果非常漂亮，难度不是很大，具体操作步骤如下。

（1）选择“文件”|“打开”命令，弹出“打开”对话框，选择图像文件并打开，如图 6-18 所示。

（2）选择工具箱中的“横排文字工具”，在舞台中输入文字“春”，在选项栏中设置字体和大小，如图 6-19 所示。

图 6-18　打开图像文件

图 6-19　输入文字

（3）选择“图层”|“栅格化”|“文字”命令，栅格化文字，如图 6-20 所示。

（4）选择“滤镜”|“扭曲”|“极坐标”命令，弹出“极坐标”对话框，选择“极坐标到平面坐标”单选按钮，如图 6-21 所示。

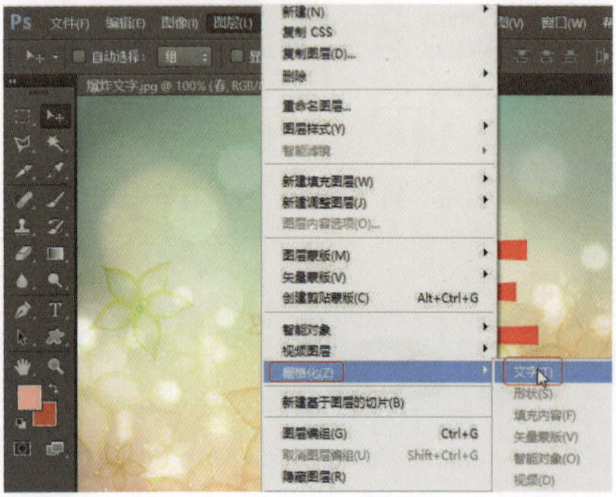

图 6-20　栅格化文字

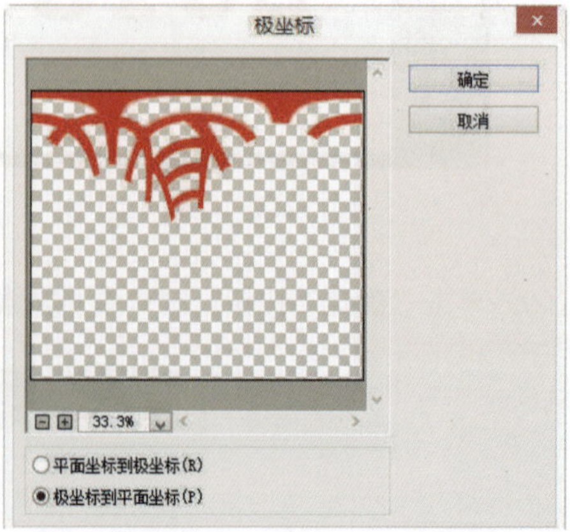

图 6-21　“极坐标”对话框 1

（5）单击“确定”按钮，设置极坐标效果，如图 6-22 所示。

（6）按 Ctrl+T 组合键，单击鼠标右键，在弹出的快捷菜单中选择“旋转 90 度（顺时针）”命令，如图 6-23 所示。

图 6-22　设置极坐标效果

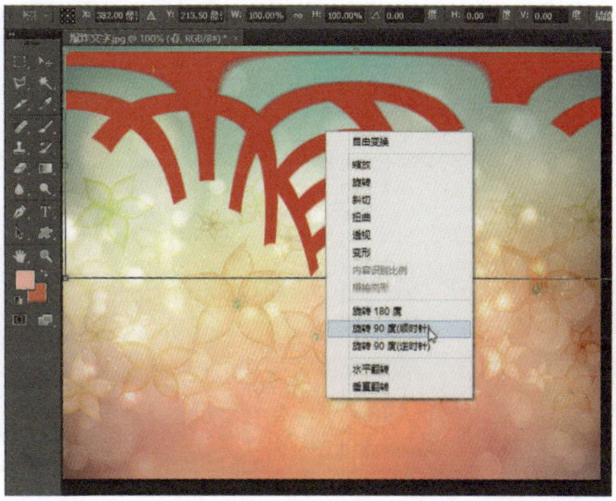

图 6-23　选择变形效果

（7）单击“确定”按钮，设置变形效果，如图 6-24 所示。

（8）选择“滤镜”|“风格化”|“风”命令，弹出“风”对话框，将“方法”设置为“风”,“方法”设置为“从右”，如图 6-25 所示。

图 6-24　设置变形效果 1

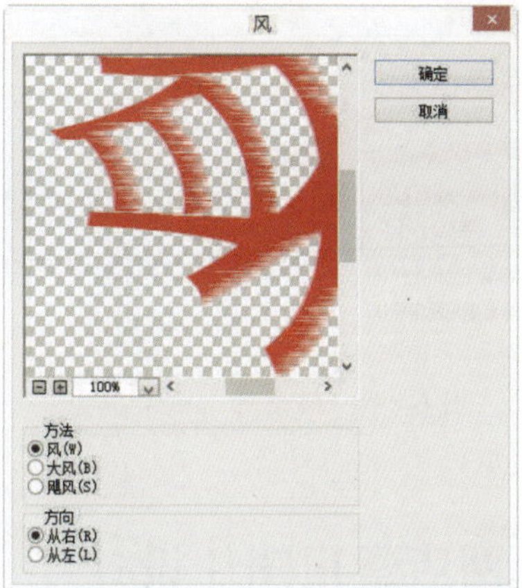

图 6-25　“风”对话框

（9）单击“确定”按钮，设置风效果。按 Ctrl+T 组合键，单击鼠标右键，在弹出的快捷菜单中选择“旋转 90 度（逆时针）”命令，单击“确定”按钮，设置变形效果，如图 6-26 所示。

（10）选择“滤镜”|“扭曲”|“极坐标”命令，如图 6-27 所示。

（11）弹出“极坐标”对话框，选择“平面坐标到极坐标”单选按钮，如图 6-28 所示。

（12）单击“确定”按钮，完成爆炸字体效果的制作，如图 6-29 所示。

图 6-26　设置变形效果 2

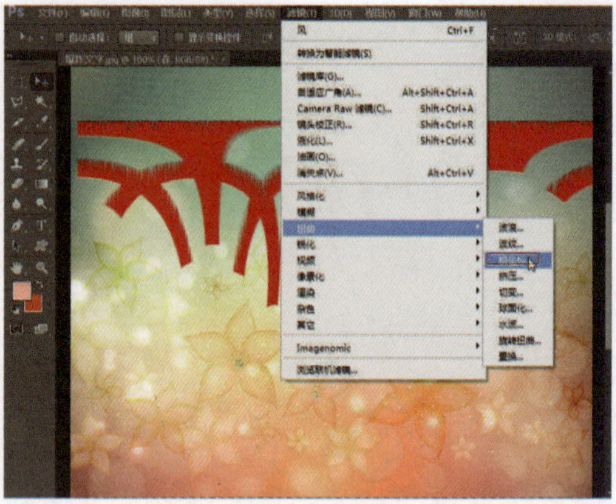

图 6-27　选择“极坐标”命令

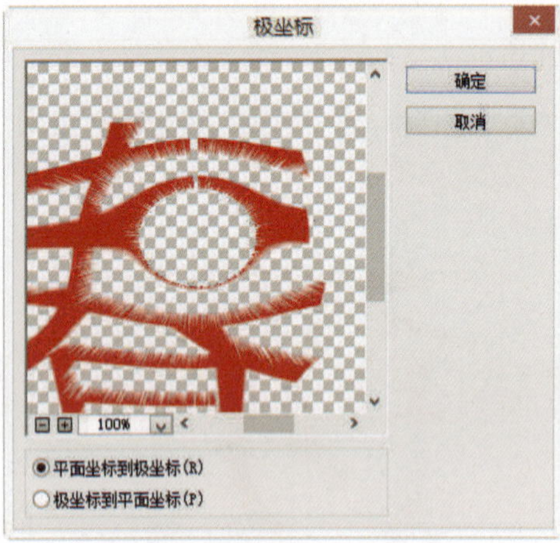

图 6-28　“极坐标”对话框 2

图 6-29　爆炸字体效果

6.2　网店常用图片设计

一个网站的设计好坏主要跟图片有关，设计精美的图片更能吸引人的眼球，所以网店图片的设计至关重要。

6.2.1　主图设计

我们一直在说主图非常重要，那么什么是主图呢？其位置和展现有什么特点？如果要购买水杯，我们的第一个动作是在淘宝搜索框中输入关键词“水杯”，然后单击“搜索”按钮，搜索结果页面如图 6-30 所示。在搜索结果页面中，搜索出来的图片，也就是展现在我们眼前的产品图片，就是产品主图。

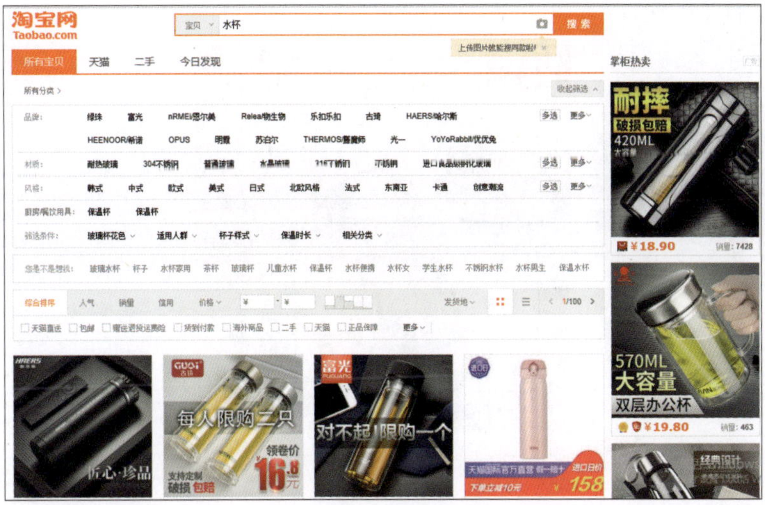

图 6-30 搜索结果页面

1. 主图设计之尺寸

根据需要新建主图文件大小为 600 像素 ×600 像素，如图 6-31 所示。这个尺寸是主图的最佳呈现效果。在主图尺寸大于 700 像素 ×700 像素时，系统会自动提供放大镜功能，更有利于产品呈现。

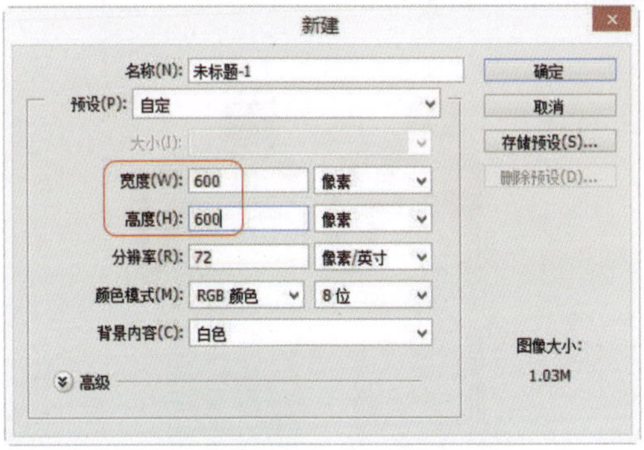

图 6-31 主图尺寸

2. 主图设计之信息分层

信息分层工作可以先用书稿形式区分，然后直接应用到 Photoshop 制作当中。其基本思路是：陈列素材图片，根据目标区分信息传达的层次关系。如图 6-32 所示的信息分层如下。

- 第一层：图片和产品介绍。
- 第二层：产品 Logo。
- 第三层：背景图片。

图 6-32 信息分层

3. 主图设计之细节渲染

对于部分类目，要求必须提供白底图片，比如天猫商城就有相关规定，在这种情况下不能添加背景或者场景渲染，只需要白底加 Logo 就可以了，如图 6-33 所示。在淘宝店铺中对主图背景没有明确的规范，可以添加背景或者其他场景图渲染整张图片氛围。但是对部分单纯为了提高醒目程度而放大字体，甚至遮盖商品主体而影响客户消费体验的牛皮癣图片，淘宝会给予不同程度的搜索排序处罚。

图 6-33 天猫商品

如果没有图片背景要求，则可以再添加一个能够很好地衬托主体的背景，如图 6-34 所示。

图 6-34　添加背景

6.2.2　直通车主图设计

直通车是淘宝付费推广的一种，是按点击收费的。在搜索结果页面中，直通车展示的位置在掌柜推荐位置，如图 6-35 所示。

图 6-35　直通车展示的位置

直通车主图主要包括两种类型：一种是最常见的单品直通车图，即针对单品推广的直通车主图；

另一种是店铺直通车图。这两种直通车主图的意义及作用是不一样的。单品直通车图更侧重于单个产品的信息传达或销售诉求，以销售转化为最终目的；店铺直通车图更侧重于品牌传递，通过集中引入流量在店内分流的方式，实现流量的价值最大化，一般会以整店促销或类目专场的方式呈现。

1. 直通车素材选择

我们分析一下拍摄的原始图片，如图 6-36 所示。虽然图 B 和图 C 可以很好地呈现出产品的颜色特征和包装外形的档次感，但是对于表现产品的美观性稍微逊色；图 A 符合主题突出的特征，如果要制作主图，那么这张图片非常合适，其相比于图 B 和图 C 更有创意和视觉冲击力。

图 6-36 原始图片

2. 直通车主图设计之尺寸

直通车后台推荐的图片尺寸是 800 像素 ×800 像素呈现最佳，所以我们将直通车主图的尺寸设定为 800 像素 ×800 像素，如图 6-37 所示。

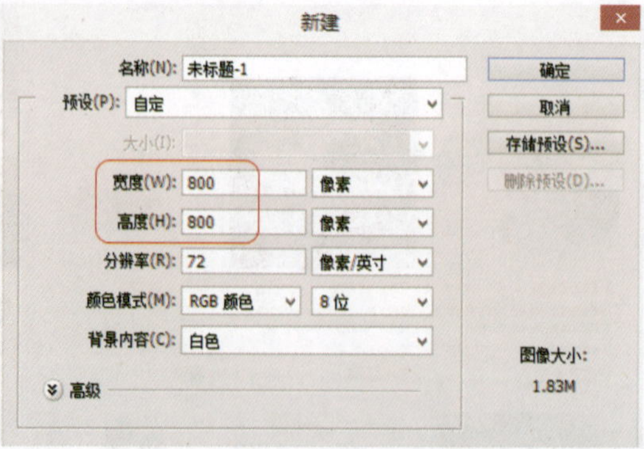

图 6-37 设定直通车主图尺寸

3. 直通车主图设计之信息分层

首先确定第一层信息是产品主体，因为直通车主图的目标人群对产品主体比较关注；其次确定第二层信息是促销和折扣，因为产品价格也是客户比较关注的信息；再次确定第三层信息是产品广告语和品牌 Logo；最后确定第四层信息是背景图片，用于渲染气氛。

4. 直通车主图设计之操作步骤

直通车主图的设计步骤如下。

（1）打开 Photoshop CC，新建一个空白文档，如图 6-38 所示。

（2）选择“文件”|“置入”命令，弹出“置入”对话框，选择需要置入的背景图像，单击“置入”按钮，置入背景图像，如图 6-39 所示。

图 6-38　新建空白文档

图 6-39　置入背景图像

（3）选择“文件”|“打开”命令，打开图像文件，选择工具箱中的“多边形套索工具”，单击选择帽子，然后按 Ctrl+X 组合键剪切图像，如图 6-40 所示。

（4）返回到背景图像中，按 Ctrl+V 组合键粘贴图像，如图 6-41 所示。

图 6-40　剪切图像

图 6-41　粘贴图像

（5）在选项栏中单击选择“自定义形状”工具，单击“形状”按钮，在弹出的列表中选择合适的形状，如图 6-42 所示。

（6）在舞台中按住鼠标左键绘制形状，将“描边”设置为 3 点，如图 6-43 所示。

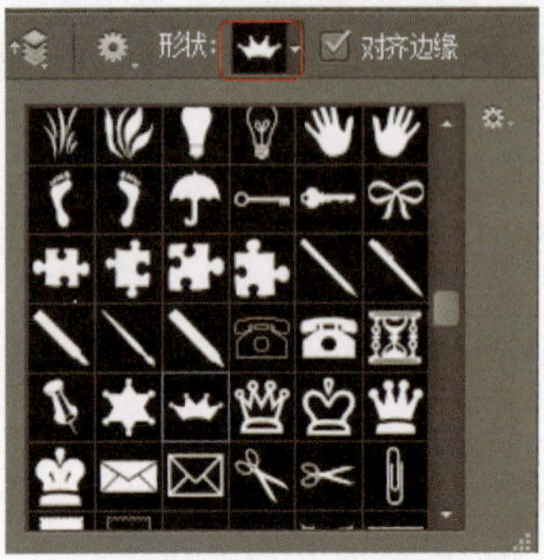

图 6-42 选择形状

图 6-43 绘制形状

（7）选择工具箱中的“横排文字工具”，在绘制的形状上面输入文字“小迪”，如图 6-44 所示。

（8）选择工具箱中的“横排文字工具”，在舞台上输入文字“柔软纯棉，舒适无味”，如图 6-45 所示。

图 6-44 输入文字“小迪”

图 6-45 输入文字“柔软纯棉，舒适无味”

（9）选择“图层”|“图层样式”|“描边”命令，弹出“图层样式”对话框，将“描边”大小设置为 6 像素，如图 6-46 所示。

（10）单击“确定”按钮，设置描边效果，如图 6-47 所示。

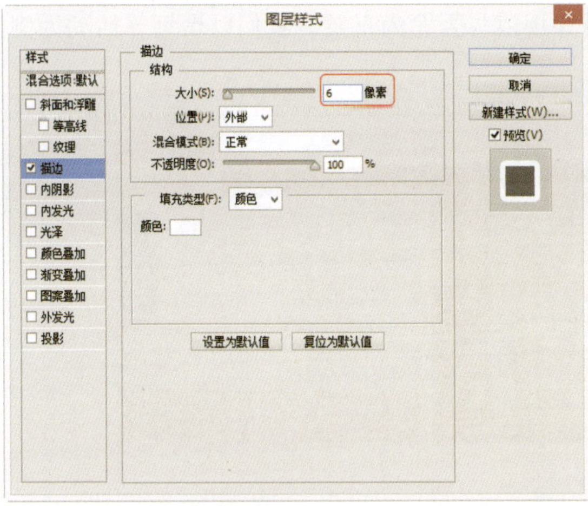

图 6-46　“图层样式”对话框

图 6-47　设置描边效果

（11）选择工具箱中的“横排文字工具”，在舞台中输入文字并设置图层样式，如图 6-48 所示。

（12）选择“文件”|“存储为 Web 所用格式”命令，弹出“存储为 Web 所用格式”对话框，图像格式选择 GIF，如图 6-49 所示。至此，直通车主图制作完成。

图 6-48　输入文字并设置图层样式

图 6-49　“存储为 Web 所用格式”对话框

6.2.3 活动图片设计

淘宝官方活动，比如聚划算、淘抢购、天天特价等是免费或付费资源，我们需要区分各个活动和店铺的相关性，只要符合相关规定就可以报名参加官方活动。一般活动规定图片和产品相关参数必须符合后台要求才可以通过审核，因此图片规范与否尤为重要。我们以聚划算活动为例，如图 6-50 所示为聚划算报名页面。

图 6-50 聚划算报名页面

下面讲述利用 Photoshop 制作聚划算活动图片，具体操作步骤如下。

（1）启动 Photoshop CC，选择“文件”|“新建”命令，弹出“新建”对话框，将宽度和高度分别设置为 450 像素和 300 像素，如图 6-51 所示。

（2）单击“确定”按钮，新建空白文档，如图 6-52 所示。

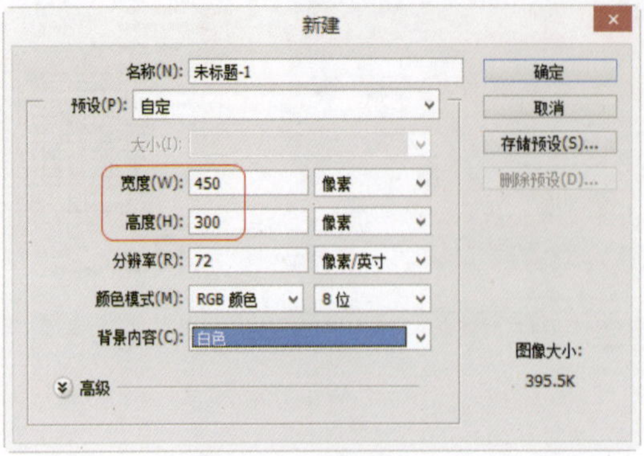

图 6-51 “新建”对话框

图 6-52 新建空白文档

（3）选择“文件”|“置入”命令，弹出“置入”对话框，置入图像文件作为背景，如图 6-53 所示。

（4）打开需要制作聚划算活动图片的文件，选择工具箱中的“魔棒工具”，单击选择鞋，如图 6-54 所示。

图 6-53　置入图像文件

图 6-54　选择鞋

（5）返回刚才新建的文档，选择“编辑”|“粘贴”命令，将鞋粘贴到文档中，如图 6-55 所示。

（6）选择工具箱中的“圆角矩形工具”，在舞台的左上角绘制圆角矩形，如图 6-56 所示。

图 6-55　粘贴图像

图 6-56　绘制圆角矩形

（7）选择工具箱中的“横排文字工具”，在圆角矩形中输入文字“聚划算 juhuasuan”，如图 6-57 所示。

（8）选择工具箱中的“椭圆工具”，在舞台中绘制椭圆，如图 6-58 所示。

图 6-57 输入文字“聚划算 juhuasuan”

图 6-58 绘制椭圆

（9）选择工具箱中的“横排文字工具”，在椭圆中输入文字“仅需 99 元”，如图 6-59 所示。

（10）选择“图层”|“图层样式”|“投影”命令，弹出“图层样式”对话框，设置投影选项，如图 6-60 所示。

图 6-59 输入文字“仅需 99 元”

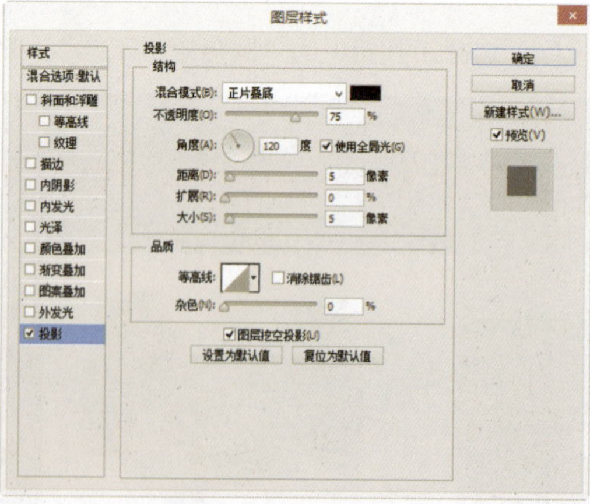

图 6-60 “图层样式”对话框

（11）单击“确定”按钮，设置投影效果，如图 6-61 所示。

图 6-61　设置投影效果

（12）选择工具箱中的“横排文字工具”，在舞台中输入文字“领券满 128 减 10 元”。选择“图层”|“图层样式”|“外发光”命令，弹出“图层样式”对话框，设置外发光效果，如图 6-62 所示。

图 6-62　设置外发光效果

第 7 章

设计精美的店标和店招

本章指导

在淘宝店铺装修中，店标和店招设计也是相当重要的一部分。淘宝店标和店招是淘宝店铺的门面，对于吸引客户有着关键的第一印象的作用。本章将介绍如何设计精美的店标和店招，让你的店铺更有个性。

7.1　设计店标

店标是店铺的重要标志之一，一个出色的店标可以给客户留下深刻的印象，让客户更容易记住店铺。本节将讲述怎样设计一个出色的店标，让更多的客户光临。

7.1.1　店标设计的原则

店标是传达信息的一个重要手段，店标设计不仅仅是一般的图案设计，更重要的是要体现店铺的精神、商品的特征，甚至店主的经营理念等。一个出色的店标，除了给人传达明确的信息，还在方寸之间表现出深刻的精神内涵和艺术感染力，给人以静谧、柔和、饱满、和谐的感觉。

要做到这一点，在设计店标时就需要遵循一定的设计原则和要求。

1. 富于个性，新颖独特

店标并非一个图案那么简单，它既代表一个品牌，也代表一种艺术。所以店标的制作可以说是一种艺术创作，需要设计者从生活中、从店铺规划中捕捉创作的灵感。

店标是用来表达店铺的独特性质的，要让客户清楚店铺的独特品质、风格和情感。因此，店标在设计上除了要讲究艺术性，还需要讲究个性化，让店标与众不同、别出心裁。

设计个性店标的根本性原则就是要设计出可视性强的视觉形象，要善于使用夸张、重复、节奏、抽象和寓意的手法，使设计出来的店标达到易于识别、便于记忆的功效。店主在设计店标前，需要做好材料搜集和提炼的准备。如图 7-1 所示为个性店标设计作品。

图 7-1　个性店标设计作品

2. 简练明确，信息表达

店标是一种直接表达的视觉语言，要求产生瞬间效应，因此店标设计要求简练、明确、醒目。

图案切忌复杂，也不宜过于含蓄，要做到近看精致巧妙、远看清晰醒目，从各个角度、各个方向来看都有较高的识别性。

另外，店标不仅仅起到视觉语言的作用，还表达了一定的含义，传达了明确的信息，给客户留下了美好的、独特的印象。

3. 符合美学原理

店标设计要符合人们的审美观点，因为客户在观察一个店标的同时，也是一个审美的过程。在审美过程中，客户把视觉所感受到的图形用社会所公认的、相对客观的标准进行评价、分析和比较，引起美感冲动，这种美感冲动会传入大脑而留下记忆。因此，店标设计要求形象，并且具有简练、清晰的视觉效果和视觉冲击力。

店标的造型要素有点、线、面、体 4 类，设计者要借助这 4 种要素，通过掌握不同造型的相关规则，使所构成的图案具有独立于各种具体事物结构的美。

7.1.2 制作店标的基本方法

店标设计的复杂之处在于这是一项高度艺术化的创作活动，没有艺术素养和良好的设计技术的人无法制作出原创个性化并具有高价值的店标。淘宝店标按照其状态可以分为静态店标和动态店标。

1. 制作静态店标

一般来说，静态店标由文字、图像构成。其中有些店标用纯文字表示，有些店标用图像表示，也有一些店标既包含文字也包含图像。

如果是自己有商标的卖家，则可以将商标用数码相机拍摄下来，然后使用 Photoshop 软件处理；或者通过扫描仪将商标扫描下来，然后使用图像处理软件来编辑。

如果是有绘图基础的卖家，则可以利用自己的绘图技能，先在稿纸上画好草图，然后用数码相机或扫描仪将图像输入计算机，再使用图像处理软件进行绘制和填充颜色。

2. 制作动态店标

对于网店而言，动态店标就是将多个图像和文字效果构成 GIF 动画。制作这种动态店标，可以使用 GIF 制作工具完成，如使用 Easy GIF Animator、Ulead GIF Animator 等软件都可以制作 GIF 动画。

设计前先准备好背景图片及商品图片，然后考虑要添加什么文字，如店铺名称或主打商品等，接着使用软件制作即可。如图 7-2 所示为使用 Photoshop CC 制作 GIF 格式的店标。

图 7-2　使用 Photoshop CC 制作 GIF 格式的店标

7.1.3　使用 Photoshop CC 制作店标

下面使用 Photoshop CC 制作店标，具体操作步骤如下。

（1）启动 Photoshop CC，新建一个空白文档，如图 7-3 所示。

（2）在工具箱中单击背景按钮，设置背景图像，在舞台中按 Ctrl+Delete 组合键填充背景颜色，如图 7-4 所示。

图 7-3　新建空白文档

图 7-4　填充背景颜色

（3）选择工具箱中的“自定义形状工具”，在选项栏中选择相应的形状，如图 7-5 所示。

（4）按住鼠标左键在舞台中绘制形状，如图 7-6 所示。

图 7-5 选择形状

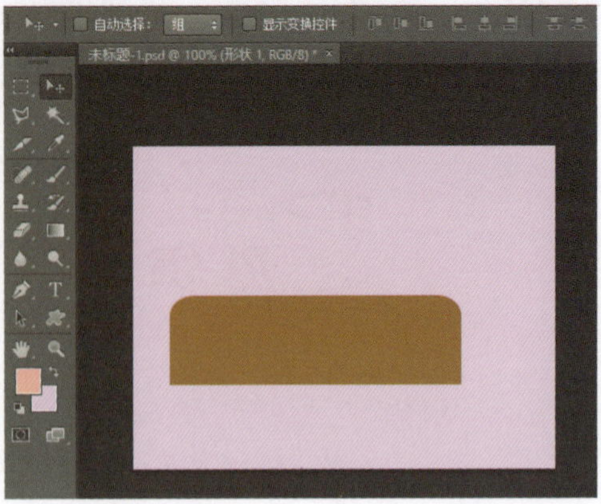

图 7-6 绘制形状

（5）选择工具箱中的“横排文字工具”，在舞台中输入文字“精品女包”，如图 7-7 所示。

（6）选择“图层”|“图层样式”|“外发光”命令，弹出“图层样式”对话框，设置外发光选项，如图 7-8 所示。

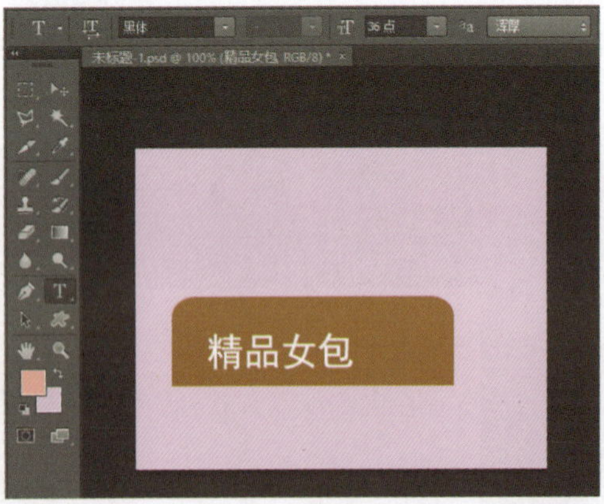

图 7-7 输入文字

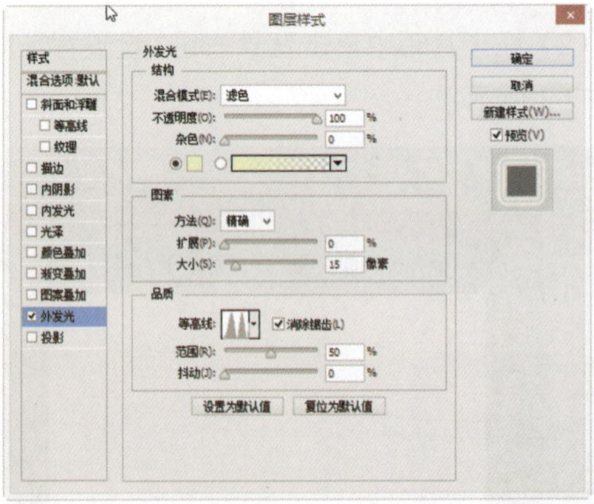

图 7-8 “图层样式”对话框 1

（7）单击“确定”按钮，设置外发光效果，如图 7-9 所示。

（8）在选项栏中选择“自定义形状工具”，单击选项栏中的“形状”按钮，在弹出的下拉列表中选择“五角星”形状，如图 7-10 所示。

（9）选择“图层”|“图层样式”|“外发光”命令，弹出“图层样式”对话框，设置外发光选项，如图 7-11 所示。

（10）单击“确定”按钮，设置外发光效果，如图 7-12 所示。

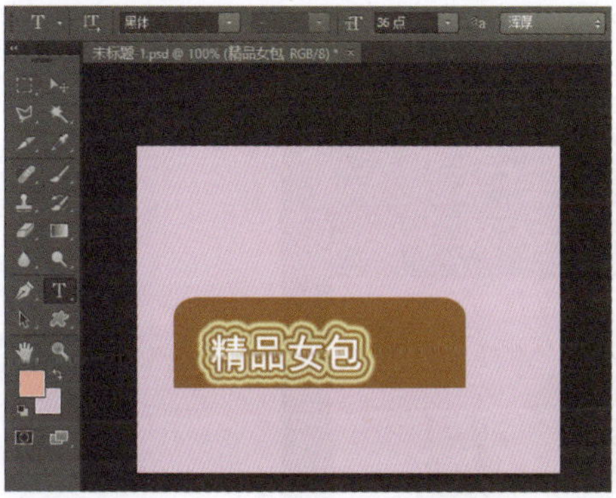

图 7-9　设置外发光效果 1

图 7-10　选择“五角星”形状

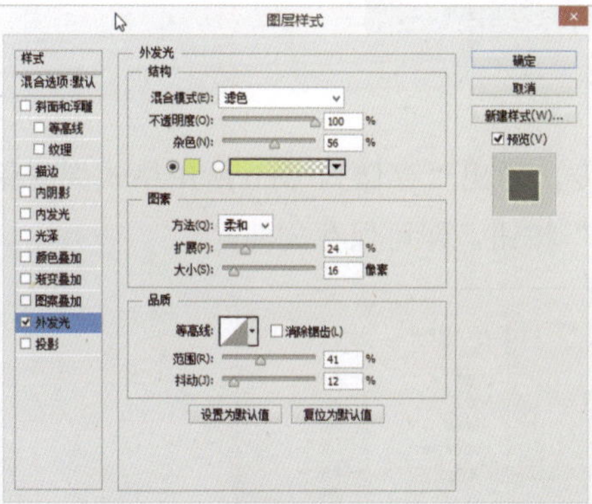

图 7-11　“图层样式”对话框 2

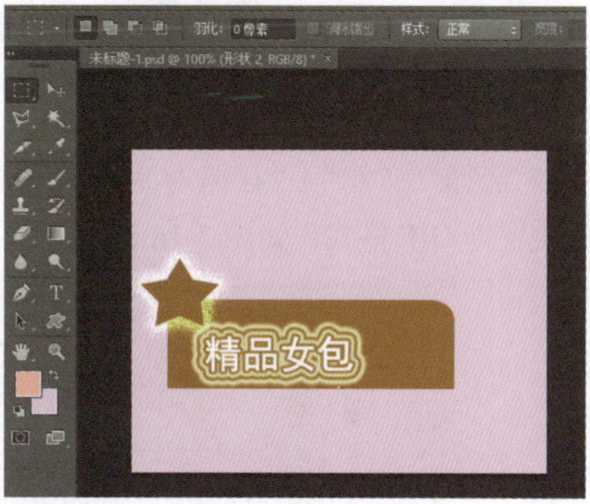

图 7-12　设置外发光效果 2

（11）重复步骤（8）～（10）绘制另外两颗五角星，并设置图层样式，如图 7-13 所示。

（12）选择图层 3，在三颗五角星上分别输入文字“小”“迪”“家”，如图 7-14 所示。

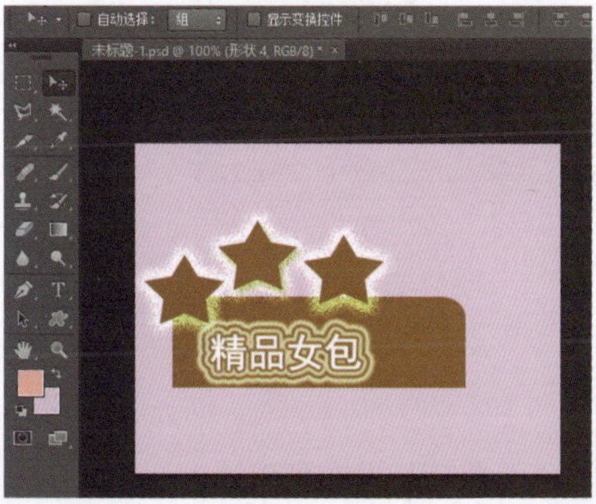

图 7-13　绘制另外两颗五角星

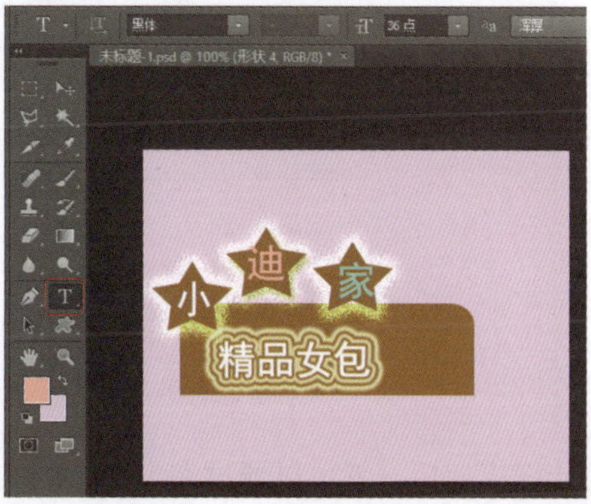

图 7-14　在五角星上输入文字

（13）选择“文件”|“置入”命令,弹出“置入”对话框,选择需要置入的图像,置入图像文件,如图 7-15 所示。

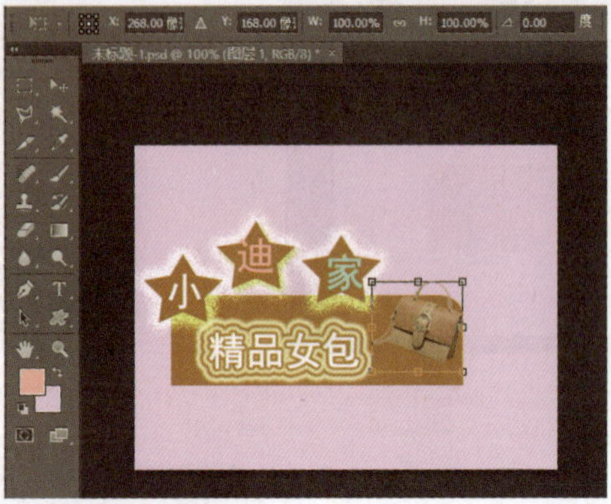

图 7-15 置入图像文件

（14）选择“文件”|“存储为 Web 所用格式”命令，弹出“存储为 Web 所用格式”对话框，将图像设置为 GIF 格式，如图 7-16 所示。单击“存储”按钮，即可保存文件。

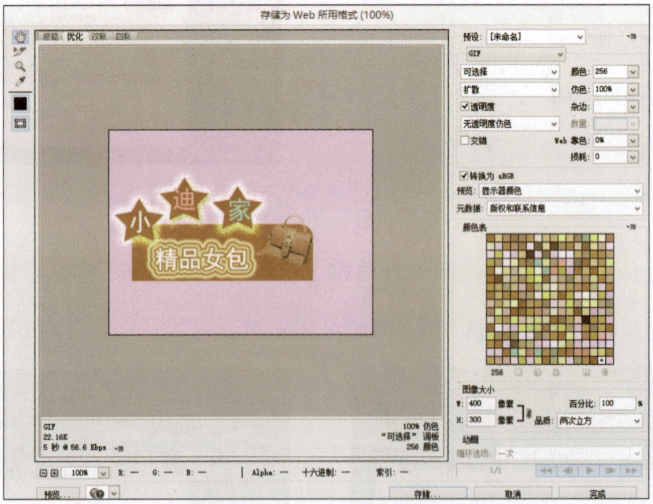

图 7-16 “存储为 Web 所用格式”对话框

7.1.4 将店标发布到店铺上

设计好店标后，就可以通过淘宝网上的店铺管理工具将店标发布到店铺上。下面详细讲解将店标发布到店铺上的操作方法。

（1）登录淘宝后台管理页面，单击“店铺管理”中的“店铺基本设置”超链接，打开店铺基本设置页面，如图 7-17 所示。

图 7-17　店铺基本设置页面

（2）单击“上传图标”按钮，弹出“选择要加载的文件”对话框，单击选择制作好的店标文件，如图 7-18 所示。

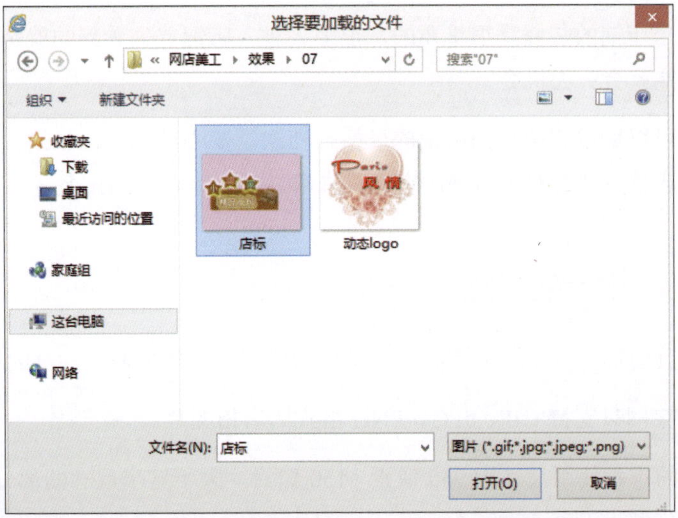

图 7-18　“选择要加载的文件”对话框

（3）单击“打开”按钮，然后单击“保存”按钮，即可成功上传店标，如图 7-19 所示。

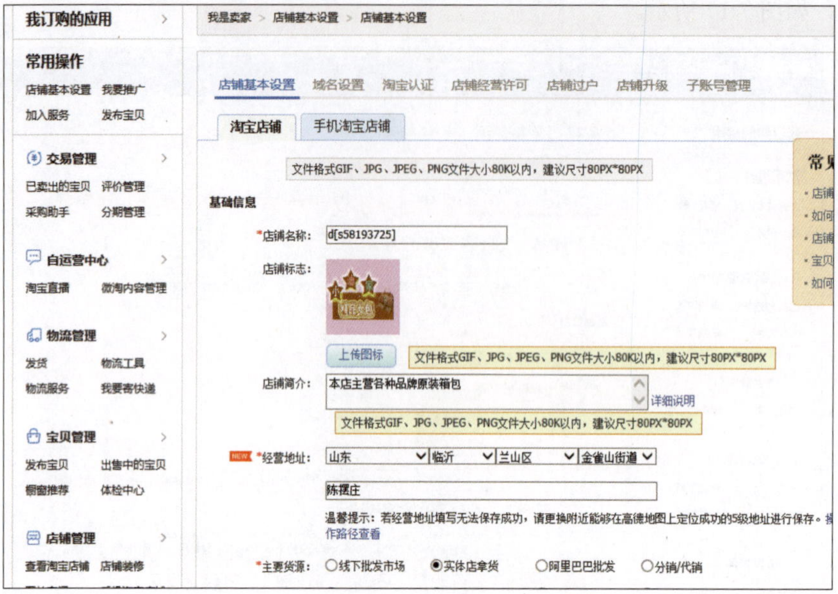

图 7-19 上传店标

7.2 店招设计的注意事项

对于很多淘宝店的新手来说，店铺装修是很让人头疼的，一个简单的店招可能就会难倒很多店主。店招对于整个店铺的装修是很重要的，很多人进入店铺首先看到的就是店招，如果店招设计没有特点，很可能就会失去机会。

客户进店后，可以通过店招看到店铺的风格、档次、核心产品等。如果我们能根据店铺宝贝的一些因素来设计店招，那么对于店铺的客户跳失率、转化率、自然排名等都会有很大的帮助。

7.2.1 淘宝店招设计的注意点

旺铺中的每个页面都可以单独设置店招。制作和应用旺铺店招需要注意的事项有以下几点。

（1）目前，淘宝网只支持 GIF、JPG、PNG 格式的店招图片。

（2）店招图片的推荐使用尺寸为 950 像素 ×150 像素，大于这个尺寸的部分将会被裁掉。

（3）上传店招图片，可以选择将此图片只应用到当前页面，也可以选择应用到整个店铺的页面中。

（4）上传的图片大小不能超过 100KB。

（5）店招一定要凸显品牌的特性，让客户对店铺的信息一目了然，包括风格、品牌文化等。

（6）视觉重点不宜过多，有 1 ～ 2 个就够了，太多了反而会给店招造成压力。要根据店铺现阶段的情况来进行分析，如果现阶段要做大促，则可以着重突出促销信息。

（7）如果店招里有季节的要素，则需要根据季节及时更换。比如女装店要注意随着季节变化及时调整店招，不要将过季服装放置在店招上。

7.2.2 店招格式规范和尺寸

所谓店招，指的就是店铺招牌，线下店铺对于店招非常重视，一个出色的店招不仅是店铺坐落地的标志，更能起到户外广告的作用。比如，看到麦当劳鲜红色的店招就会联想到让人垂涎欲滴的巨无霸汉堡。

淘宝网上的店招其实是虚拟店铺的招牌，也就是店铺第一屏中最为醒目的位置，其重要程度不言而喻。

目前淘宝店招有一定的规则限制，具体如下。

- 大小：100KB 之内。
- 高度：100 ～ 150 像素（扶植版 & 标准版）、0 ～ 200 像素（拓展版、旗舰版）。
- 宽度：950 像素。
- 格式：JPG、GIF、PNG。

7.3 制作店招实战

店招是传达信息最好的阵地，因此，店主可以在店招区域传达店铺经营、所属行业、所卖产品有何特点等信息。

7.3.1 箱包店招设计实例

店招是一家店铺的象征，一个出色的店招能够起到传达店铺的经营理念、突出店铺的经营风格、彰显店铺形象的作用。设计好店招后，将其存储在自己的电脑上，然后上传到店铺的店招位置就可以了。下面使用 Photoshop 制作店招，具体操作步骤如下。

（1）启动 Photoshop CC，选择“文件”|“打开”命令，打开一幅图像作为背景，如图 7-20 所示。

图 7-20　打开背景图像

（2）打开另一幅图像，选择工具箱中的“魔棒工具”，选择相应的部分，如图 7-21 所示。

图 7-21　选择图像

（3）选择“选择”|“修改”|“羽化”命令，弹出“羽化选区”对话框，将“羽化半径”设置为 5 像素，如图 7-22 所示。

（4）单击“确定”按钮，羽化图像。按 Ctrl+C 组合键复制图像，返回原始图像，按 Ctrl+V 组合键粘贴图像，如图 7-23 所示。

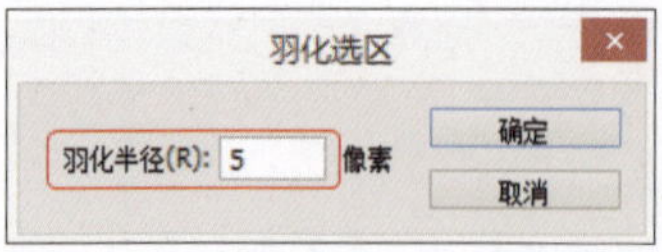

图 7-22　“羽化选区”对话框

图 7-23　粘贴图像

（5）可以粘贴其余的图像，并将其拖动到相应的位置，如图 7-24 所示。

（6）选择工具箱中的“圆角矩形工具”，在舞台中绘制圆角矩形，如图 7-25 所示。

图 7-24　粘贴其余图像

图 7-25　绘制圆角矩形

（7）选择工具箱中的“横排文字工具”，在圆角矩形中输入文字“小迪精品”，如图 7-26 所示。

（8）选择工具箱中的“横排文字工具”，在舞台中输入文字，如图 7-27 所示。

图 7-26　输入文字 1

图 7-27　输入文字 2

（9）选择“图层”|“图层样式”|“混合选项”命令，弹出“图层样式”对话框，单击“样式”选项，选择图层样式，如图 7-28 所示。

（10）单击“确定”按钮，设置图层样式，如图 7-29 所示。

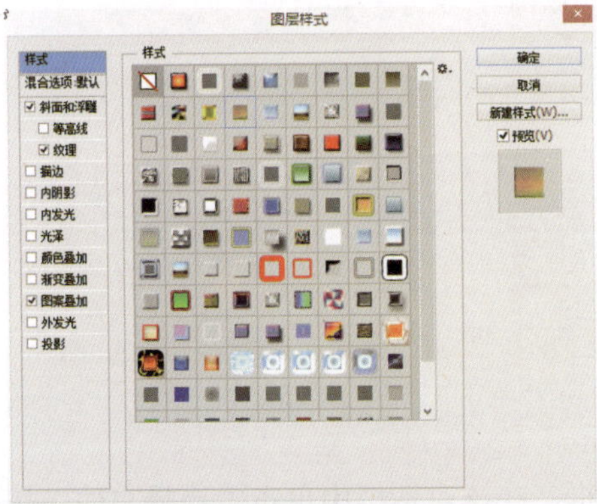

图 7-28　“图层样式”对话框

图 7-29　设置图层样式

（11）选择工具箱中的“横排文字工具”，在舞台中输入相应的文字，如图 7-30 所示。

图 7-30 输入文字 3

7.3.2 将店招应用到店铺中

在设计好店招后，即可通过管理店铺的方法，将店招图片上传到淘宝网，并显示在自己的店铺中。下面详细介绍将店招应用到店铺中的方法。

（1）登录淘宝网，打开“店铺管理”|“店铺装修”页面，进入店铺首页装修页面，如图 7-31 所示。

图 7-31 店铺首页装修页面

（2）单击“编辑”按钮，弹出“店铺招牌”对话框，在该对话框中单击“选择文件”按钮，如图 7-32 所示。

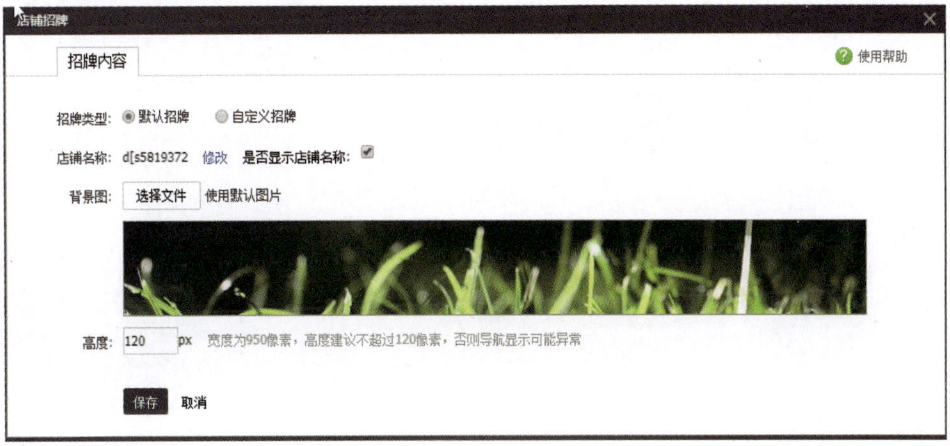

图 7-32　“店铺招牌”对话框

（3）在弹出的对话框中切换到“上传新图片”选项卡，单击底部的“添加图片”超链接，如图 7-33 所示。

图 7-33　添加图片

（4）单击“编辑”按钮，弹出“上传图片”对话框，在该对话框中单击“点击上传”按钮，如图 7-34 所示。

（5）弹出“打开”对话框，选择制作好的店招图片，如图 7-35 所示。

图 7-34 “上传图片”对话框

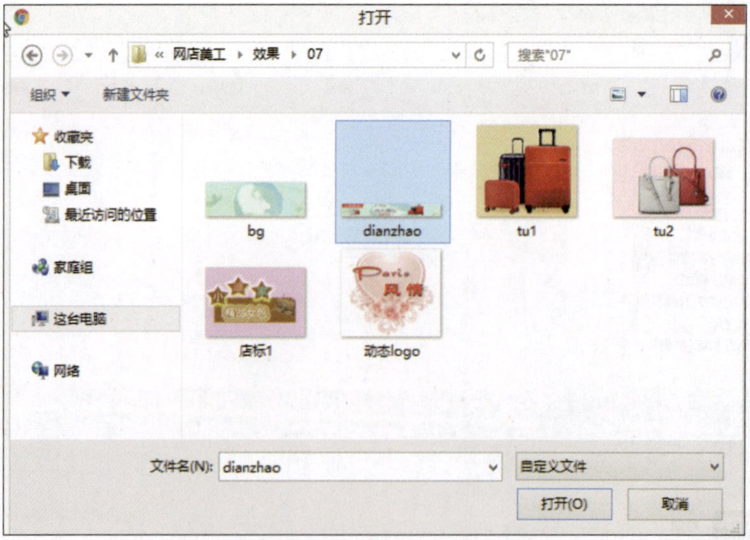

图 7-35 “打开”对话框

（6）单击“打开”按钮，添加店招图片，切换到“从淘盘选择”选项卡，可以看到添加的店招图片，如图 7-36 所示。

（7）单击图片即可添加，取消勾选“是否显示店铺名称”复选框，如图 7-37 所示。

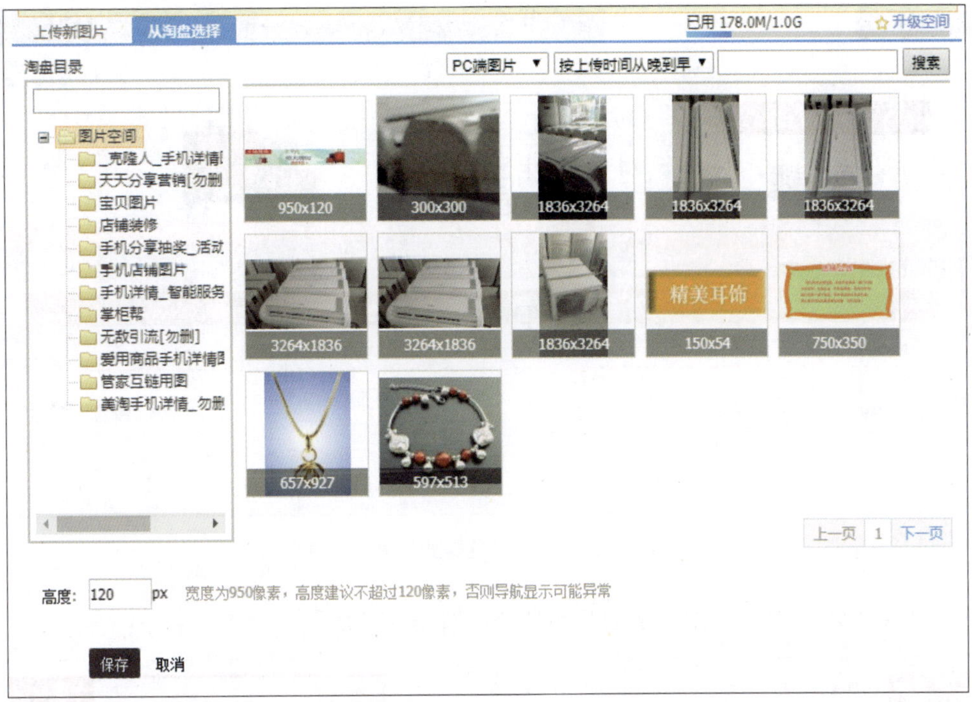

图 7-36　已添加的店招图片

图 7-37　添加店招图片

（8）单击“保存”按钮，即可成功上传店招图片，如图 7-38 所示。

图 7-38　上传店招图片

（9）单击“发布站点”按钮，预览店铺效果，如图 7-39 所示。

图 7-39　预览店铺效果

第 8 章 页面设计

本章指导

一家店铺必须有一个基调和风格，统一整齐的规划和明确的色彩视觉表现能让进店的客户第一时间就明了店铺的商品定位和销售对象，从而选择离开或者继续深入了解。卖家需要在有限的页面中，将图片、文字，包括背景颜色、区分线、字体、标题、折扣信息等，统一风格，贯穿全店。

8.1 首页设计

装修过自家店铺的淘宝卖家都知道，店铺的首页是一个很醒目且关键的部位，其装修好坏能在一定程度上影响到客户。首页是一家店铺的门面，也是决定整体风格的重要一环。

8.1.1 首页的作用

卖家要向客户展示更多的东西，首页是一个很好的载体。首页相当于实体店铺的门面，门面的装修直接影响到商品的价值呈现。

1．设计优秀的首页增加客户信任

如图 8-1 所示是精心装修设计的店铺首页。它呈现给客户的是官方的、品牌感十足的、品质有保障的店铺，在不知不觉中提升了客户对店铺的信任度，而且商品的价值也得到了很好的体现。设计优秀的店铺首页会提升页面停留时间、访问深度、点击率等相关数据。

图 8-1　精心装修设计的店铺首页

漂亮的店铺首页装修能让客户在浏览店面时感觉到美感，即便长时间停留，也不会造成视觉疲劳，在挑选商品时也会更加仔细。

2．传达品牌形象

首页是传达品牌形象的重要页面。店铺的品牌形象是通过店铺的整体视觉传达给客户的，而店铺首页是客户对店铺形成第一印象的重要区域，是客户在整个店铺当中访问量非常高的页面。一个好的店铺首页设计可以起到提升品牌识别的作用。好的形象设计不仅能使店铺的外在形象得到长期的发展，而且可以塑造店铺完美的形象，从而加深客户对网店的印象。

如图 8-2 所示，通过店铺首页把店铺的风格、品牌、经营理念和文化等信息准确地传达给客户，这些都会为网店的形象加分，也更加有利于网店品牌的形成。

图 8-2　传达品牌形象

3．传达店铺活动信息

店铺首页是店铺信息量最大、最集中的地方，客户要想了解宝贝，是从了解一家店铺的首页开始的。

网店中销售的商品种类与数量繁多，当客户进入店铺时，并不是每件商品都拥有与客户在第一时间产生接触的机会。通过网店的装修，卖家可以将主打商品或促销折扣商品在首页中的醒目位置显示，传达店铺活动信息，这也是提升销量的一种方式。

如图 8-3 所示的店铺首页通过第一屏区域把店铺的元宵节促销活动第一时间传达给客户，再通过文案的传递，引起客户的情感共鸣，进而提高店铺的转化率。

图 8-3　传达店铺活动信息

4. 增加网店诱惑力

客户在进入网店后，第一眼看到的就是店铺首页。这时候，客户对网店中销售的商品并不了解，对商品的质量无法评定，但是一个设计精美的首页却可以给客户留下美好的第一印象，从而对网店，甚至网店中的商品产生好感。如果在网店中购买商品，那么客户的心中也会随之产生认同感。

店铺装修可以让客户在网店中获得温暖、有趣、可爱、科技等感知，从而增加店铺销售额。人人都爱美好的事物，首页也是这个道理。消费者是愿意为了美好的东西而买单的。这个装修不一定要求多么有设计感，而要符合店铺和商品的定位，能给客户提供良好的体验。如图 8-4 所示为优秀的店铺首页设计增加网店诱惑力。

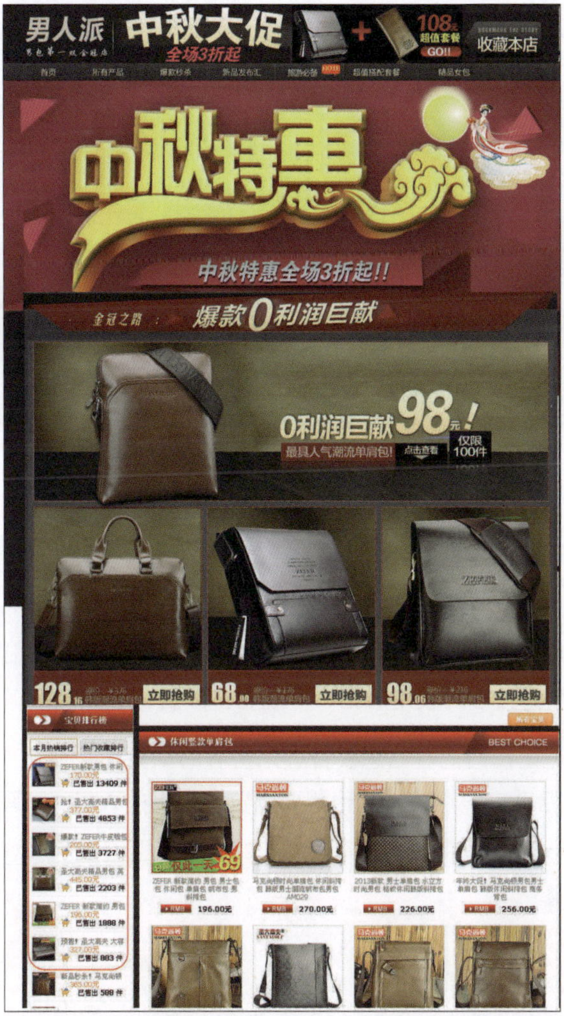

图 8-4　优秀的店铺首页设计增加网店诱惑力

5．店铺流量的中转站

流量对于一个网店是非常重要的，包括免费的和付费的流量。引入流量后，下一步要做的就是提高访问深度。店铺的首页流量非常大，消费者在进入首页后，会浏览店铺，这时候首页的作用就显现出来了：统一的店铺设计和商品展示会刺激消费者的再次点击。我们需要对首页的流量进行合理疏导，帮助客户快速找到目标商品，让店铺主推的单品获得更多的流量。

如图 8-5 所示，首页上的活动入口、分类导航、优惠券都是疏导流量的方式，可以有效地降低整个店铺的跳失率。

图 8-5 店铺流量的中转站

8.1.2 首页的框架

在店铺首页框架当中，我们分有店招、导航、打广告位、新品、爆款、活动、类目及其他。在这几个栏目里，我们最为关心的就是店招、导航、打广告位和爆款。

我们知道，店招就是让我们把自己想要告诉来访者的话写在上面，例如，我们在卖什么，我们是谁;而导航就是为了帮助客户迅速地到他想要浏览的宝贝的入口。如图 8-6 所示为店招和导航。

图 8-6 店招和导航

打广告位的目的就是让客户为了满足自己的好奇心而往下拉。在这一部位上可以布置我们的很多商品，供客户浏览使用，而这一功能也能够提高店铺的浏览量。如图 8-7 所示为店铺首页的广告位。

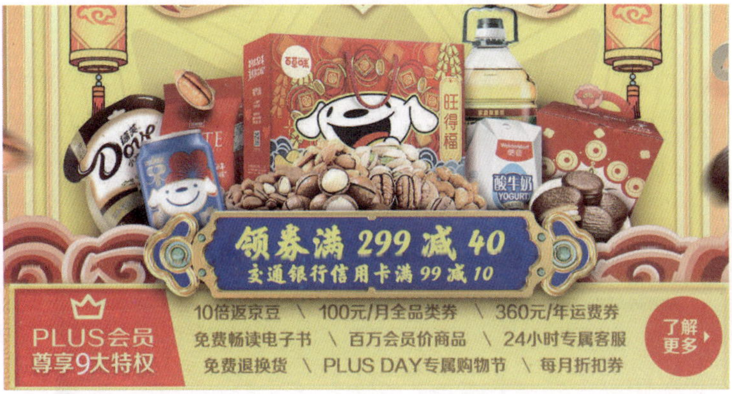

图 8-7　店铺首页的广告位

而在店铺首页的爆款当中，我们主要考虑到某一爆款的推向人群和消费程度，这样我们才能以更合理的方式来装修店铺。如图 8-8 所示为店铺首页的爆款。

图 8-8　店铺首页的爆款

8.1.3　首页的设计思路

首先我们需要明确店铺首页的设计思路。根据店铺运营的需求，我们通常会把店铺首页分成常规首页和活动首页。

1. 常规首页的设计思路

常规首页的设计思路是以方便客户购物为目标，提升客户购物体验。为了达到这个效果，我们需要对首页进行一系列规划。

1）优质位置展示海报

首页更像一张“地图”，起到疏导流量的作用。在正常情况下，需要将流量需求大的页面入口呈现得更显眼，尺寸更大，并且摆放的位置也会相对靠前。按照大多数店铺的装修习惯，首页第一屏是海报图，海报图比较有冲击力，是店铺最优质的展示位置，应该将店铺中最有特点的商品、最有特色的服务展示给客户，以此来吸引客户对店铺产生兴趣。如图 8-9 所示为海报图。

图 8-9 海报图

在设计海报图时要围绕以下几点展开。

- 海报图要突出目前店铺活动主题、促销活动时间、优惠力度。
- 海报图可以将目前店铺主推宝贝呈现出来，为主推款商品引入流量。
- 海报图可以将接下来打算上架的新款体现出来，让客户浏览，提前收藏。
- 海报图还可以体现出店铺商品风格或者服务的差异化。这些都是自己店铺与其他店铺的不同点，也是展示优势的地方，只有不一样的东西，才会吸引别人的注意和收藏。

2）做好分类导航

在设计常规首页时，要考虑到导航设置的合理性，合理地设置分类导航可以把流量精准地引入目标商品或者页面，给客户提供更好的购物体验。导航在店铺中起到很重要的作用，它可以帮助客户快速找到自己喜欢的商品。

在给商品分类的时候，尽量使用直接、简单的方法，切记不要把商品分出很多类型。另外，有些商品在分类上比较模糊，服装类目更为明显。比如裤子，有韩版裤、直筒裤、小脚裤、西裤、休闲裤、运动裤、七分裤、九分裤、高腰裤、中腰裤、低腰裤等。如果店铺里还有其他类型的商品，那么采用这种分类方式就会显得非常杂乱，因为有的商品可能同时属于多个分类。当店铺宝贝数量不多时，如果将商品分得如此细，则是不利于提升用户购物体验的。

如图 8-10 所示的分类导航，利用店铺横向导航模块，让客户快速地找到目标商品，有效地对客户做出引导，从而推广店铺的商品。在店铺分类上方还有一个搜索框，方便客户搜索店内宝贝。

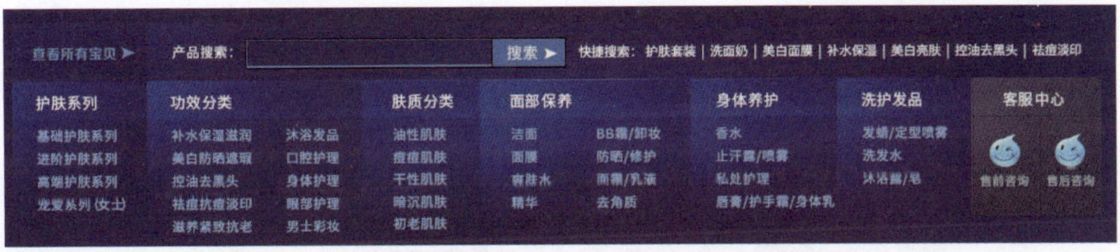

图 8-10　分类导航

3）提升用户体验

首页的重要任务之一是将店铺的流量合理地分配到相关页面，降低店铺的流失率。此时需要在首页上增加一些提升用户体验的模块，给客户提供一些方便。常见的提升用户体验的内容或模块包括分类导航模块、在线客服咨询模块、店内搜索功能等。

2. 活动首页的设计思路

店铺活动是每家店铺的常规活动，每家店铺或大或小总会举办一些促销活动，不同的促销力度对于客户的吸引力会有很大的差别。

1）单品聚划算、爆款

单品推广的主题适合店铺中的爆款或者想要提高某款商品的转化率，比如有参加聚划算单品的宝贝，或者即将打造的爆款，销量在同行业中占有一定的份额，其效果自然非常可观。

一般采用该单品的最大卖点为主要表达内容，例如，爆款单品的首屏就可以用商品销量为主打内容，加上商品图片，商品图片旁边配上该商品的主要信息和价格。另外，该商品如果有对应的活动，比如赠品和优惠券等，那么也要在适当的位置加以表达，最大限度地增加商品的吸引力。如图 8-11 所示为单品聚划算、爆款。

图 8-11　单品聚划算、爆款

2）新品上市、特价促销

单品推广的主题也适用于新品上市，以及打算全力推广的商品。再者，特价促销的商品也可以作为题材。如图 8-12 所示为新品上市。

图 8-12 新品上市

3）“双十一”“双十二”活动

此外，淘宝还会举办各种季节性的大型活动，比如“双十一”“双十二”“年中大促”等，活动本身的知名度和促销力度就相当有吸引力。在店铺最显眼的位置就可以放置参加相关活动的广告，再将活动内容、活动形式、活动时间和优惠券等重要信息选择合适的位置放置，如图 8-13 所示。

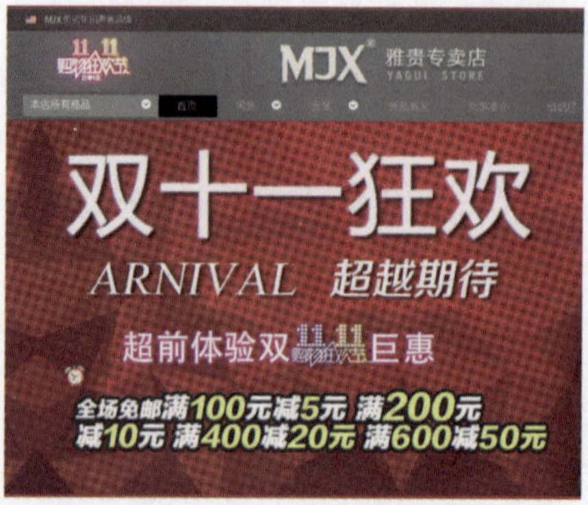

图 8-13 “双十一”活动

4）换季、节日活动

参加官方活动的费用比较高，而且需要具备相应的条件。除官方活动之外就是店铺开展的一些促销活动，店铺活动中比较常见的主题是符合当下季节或者节日的相关题材。如图 8-14 所示为“3·8 女王节”活动。

图 8-14　“3·8 女王节”活动

5）店庆、清仓活动

周年庆典也是被普遍采用的活动主题，清仓甩卖也是比较有吸引力的题材，而且在适用时间上比较广泛。如图 8-15 所示为店铺 5 周年庆祝活动。

图 8-15　店铺 5 周年庆祝活动

8.1.4　首页的设计实战

首页是由多个模块搭建而成的，想要布局一个优秀的店铺首页，就需要对店铺的每个模块都有非常清晰的了解，并且知道它们的重点和注意点，还要知道每个模块的使用技巧。如图 8-16 所示为系统自带的各种模块。

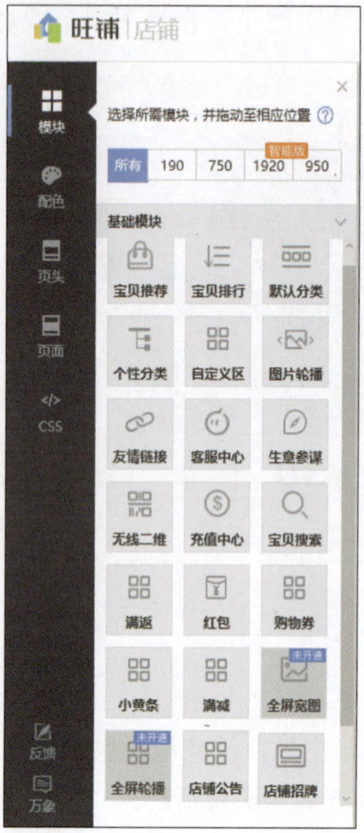

图 8-16　系统自带的各种模块

1. 店招

淘宝店铺的店招形同实体店的店铺招牌。客户一眼看到一家店铺的招牌，就知道这家店铺是卖什么商品的，设计得漂亮的店铺招牌还能够吸引客户进去看一看，并决定是否在店铺里买一些需要的东西。

店招传递的信息要非常明确，淘宝店铺内的店招也起到同样的传递信息的作用。店招一般位于页面的上方，客户通过搜索进入详情页，首先看到的也是店招。如图 8-17 所示为店招。

图 8-17　店招

店招的设计要求就是简单、明了，切勿面面俱到、本末倒置。很多店主把店内的活动、店内的推荐商品、个人喜好的元素和图片全部放进来，乍看上去像一个万花筒，视觉上杂乱不堪，信息多而杂且没有重点，形象上更是无从谈起。

店招通常包含三类信息：品牌定位、产品定位和店铺竞争优势。

- 品牌定位通常通过店铺名称、品牌的 Logo 去呈现。
- 产品定位通常通过产品图片、相关关键词呈现给客户。
- 店铺竞争优势通常就是店铺的差异化优势，给客户一个选择我们店铺商品的理由。

如图 8-18 所示，在设计店招时，除了要包含以上三类信息，还要考虑和店铺的风格相统一。

图 8-18　店招要和店铺的风格相统一

2. 店铺导航

导航可分为淘宝系统自带的导航和自定义导航，其主要功能是帮助客户快速找到相应的商品。店铺导航就是店铺附带的商品及店铺信息，这些信息包括品牌故事、所有商品、热销商品、活动等。导航的设置应根据自身实际情况而定，不是越多越好，而应结合自己店铺的运营，选取对自己店铺运营有帮助、相对于竞争对手有优势的内容及自己独有的店铺商品内容。如图 8-19 所示为店铺页头的导航效果。

图 8-19　店铺页头的导航效果

3. 图片轮播

淘宝店铺首页第一屏是点击率最高的区域，因为客户来到店铺第一眼看到的就是这个区域，如果这个区域设计得不够出色，那么客户就会迅速地下拉页面。现在很多店铺的首页第一屏都是图片轮播，图片轮播承担着传递店铺的品牌视觉风格及店铺的活动信息等重要责任。需要注意的是，要保证这个区域在不同的屏幕分辨率下都能够清晰地展现出来。如图 8-20 ～图 8-23 所示为图片轮播。

图 8-20　图片轮播 1

图 8-21　图片轮播 2

图 8-22　图片轮播 3

图 8-23　图片轮播 4

图片轮播的好坏会直接影响到商品的点击量、浏览量等指标。在设计店铺首页时，很多卖家希望把一些图片制作成轮播的方式，这样可以让客户获得更多的店铺活动和商品信息，并且不浪费页面空间。而且图片轮播对于网店做活动时是有很大帮助的。那么，如何做好图片轮播呢？

（1）选择制作轮播图的图片一定要突出网店的主题。比如男装店铺，在 6 月份主打男装夏款，就不能放一张冬天外套的图片。

（2）图片轮播要选择一些场景完整的图片，这样客户在看到的时候才不会觉得很奇怪。

（3）制作轮播图的图片要清晰可见，杂点要少，要让商品一眼看上去有质感、有层次。不清晰的图片一定不能放在网店首页，否则，客户看到这样的图片，就没有心思继续浏览了。

（4）现在大多数网店首页轮播图片的宽度固定为 950 像素，而高度则没有限制，可以根据网店的具体情况来调整轮播图片的宽高比例。

（5）给图片轮播加上适当的文字说明。文字说明要简单明了、突出主题。切记不要把文字说明堆砌在图片上，否则不仅会影响图片的美观，而且文字的堆积会让人厌烦。另外，重点内容要突出，色彩要鲜明，文字的排版要美观。

4．商品分类

店铺内的商品大多是有分类的，这样可以方便客户根据自己的需求快速找到想要的商品。最简单的分类方式就是在淘宝店铺后台分类管理中简单录入分类名称，这样店铺首页就可以通过文字的形式把店铺中的分类展示出来了。如图 8-24 所示为淘宝店铺后台分类管理。

图 8-24　淘宝店铺后台分类管理

采用文字分类的方法既不美观也不直观，很难与店铺的整体设计相融合。我们完全可以通过各种图片按钮来美化它，使之与店铺完美地融为一体。

商品分类模块有两种常见的表现形式：内容区的横向分类导航和左侧栏的纵向分类导航。

（1）内容区的横向分类导航。通常该导航模块的宽度为 990 像素，卖家可自行设计，可操作性很强，如图 8-25 和图 8-26 所示。

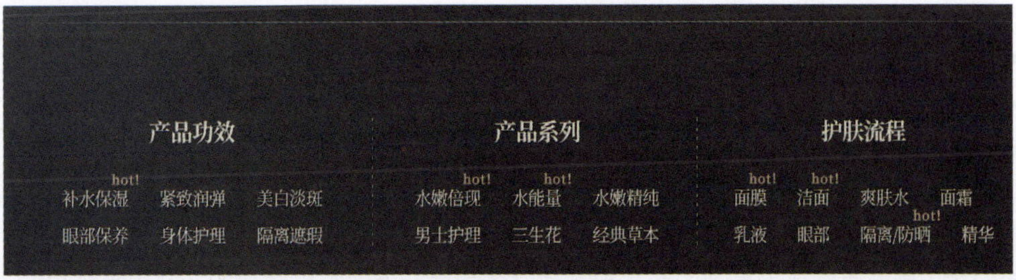

图 8-25　内容区的横向分类导航 1

图 8-26　内容区的横向分类导航 2

（2）左侧栏的纵向分类导航。通常该导航模块的宽度为 190 像素，系统默认以文字的形式呈现。设计师可以用设计好的图片代替文字，让分类导航更加美观，如图 8-27 所示。

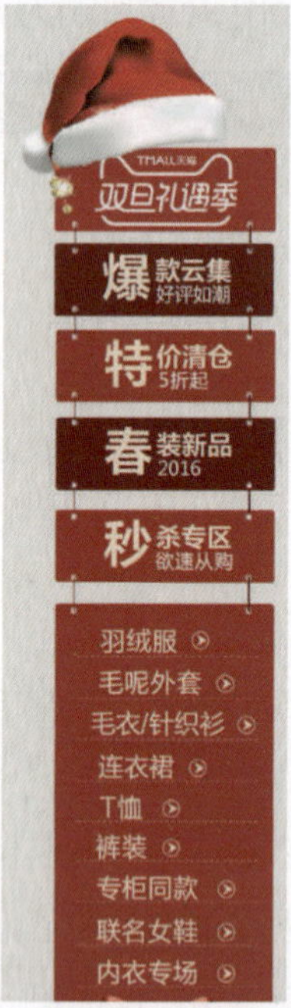

图 8-27　纵向分类导航

不管以哪种形式呈现，在设计分类导航时都必须注意以下几个原则。

- 原则一：导航文字简洁明了，导航中分类的数量不宜过多。
- 原则二：促销类、应季类的导航靠前呈现。
- 原则三：充分考虑商品的各个属性，从用户的角度做多维度的导航分类。
- 原则四：避免出现无宝贝的空分类。

5. 商品展示

我们在店铺首页上所能看到的商品都是通过各种展示形式得以实现的，其中最简单的方式就是淘宝自身的商品展示系统，如图 8-28 所示。但是这样的展示方式既不直观也不美观，更无从谈突出重点。店铺里的某些商品因为品质高、包装精美、利润空间大等因素被店家定位为店里的主推商品，其展示形式可以是几张大幅的海报，也可以是一组包含各式各样结构的展示架构。如图 8-29 所示为个性化的商品展示模块，可以更大限度地呈现商品的诱惑力、价值等。

图 8-28　淘宝自身的商品展示系统

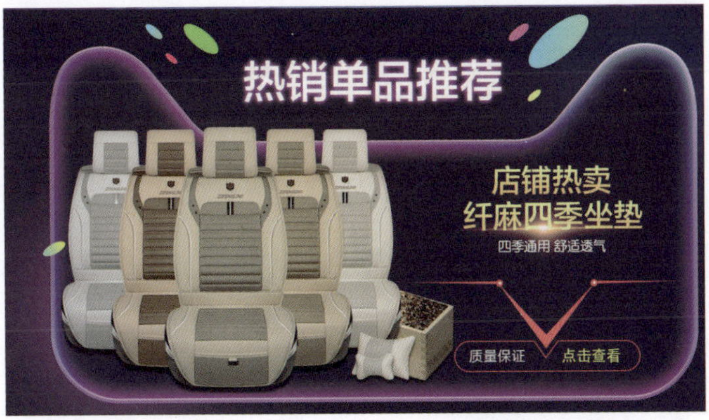

图 8-29　个性化的商品展示模块

6. 在线客服

在线客服模块可以分成两种。第一种是系统自带的在线客服模块，需要从装修后台添加此模块，如图 8-30 所示。这种在线客服模块的视觉效果相对偏弱，但是对于新店铺来说操作最为方便。

第二种是用户自行设计的在线客服模块，如图 8-31 所示。用户可以先根据店铺的风格设计一个个性化的在线客服模块，然后使用旺遍天下页面生成旺旺在线代码并编辑到模块当中。

图 8-30　系统自带的在线客服模块

图 8-31　用户自行设计的在线客服模块

7. 宝贝搜索模块

宝贝搜索模块是系统自带的针对店铺内商品进行搜索的模块，商家只需在装修时添加该模块即可。根据添加的位置不同，它呈现的外观也略有不同，如图 8-32 所示。

图 8-32　宝贝搜索模块

8. 页尾模块

页尾模块是一个非常重要但容易被忽略的模块。店内的所有页面呈现的页尾模块都是同一个，它的主要作用是引导客户浏览其他宝贝，降低页面跳失率，提升店铺收藏量。

页尾是与页头相呼应的模块，它使店铺页面在结构上实现了完整性，同时对店铺的形象展示、店内分流也起到了很大的作用。页尾相对来说内容比较少，而且系统默认只能放一个自定义的模块。同时，页尾在设计上也要注意与整体风格统一。通常来说，页尾通常会放置联系方式、售后服务等内容，增加消费者对店铺的信任感。如图 8-33 所示为店铺的页尾模块。

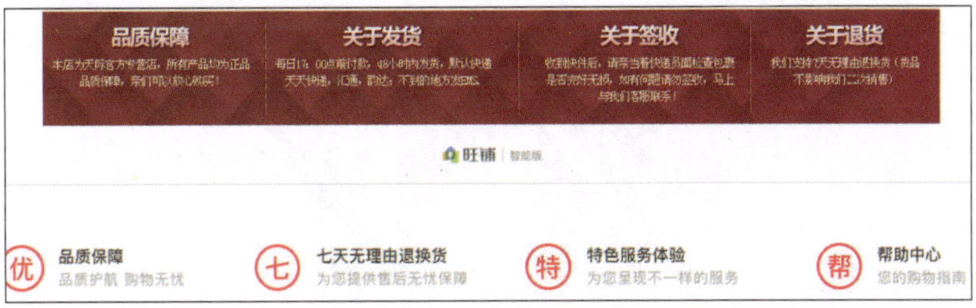

图 8-33　店铺的页尾模块

8.1.5　首页的商品陈列

陈列是一门综合艺术，它集广告性、艺术性、思想性、真实性于一体，是消费者最能直接感受到的时尚艺术。它通过不同的表达方式，将页面内的商品更加美观地呈现给客户。陈列的目的是让客户做出决策，让店铺宝贝超越自身的价值、卖出更高的价位、第一时间争夺客户的眼球。

1．醒目陈列

商品的陈列应做到醒目突出，以便迅速地引起客户的关注。并且要做到商品丰富，因为丰富的商品可以使客户产生有充分挑选余地的心理感受，从而激发购买欲望。如图 8-34 所示为醒目陈列。

图 8-34　醒目陈列

把活动商品摆放在醒目的位置、把款式新颖的商品摆放在最能吸引消费者视线的位置等，都可以起到促进消费者购买的作用。

2．关联陈列

关联陈列是指将不同种类但有关联性的商品陈列在一起，如衬衫和领带。运用商品之间的互补性，可以使客户在购买某商品后，顺便购买旁边的商品，增加客户购买相关商品的概率。

如图 8-35 所示为渔竿和相关配件关联陈列，最终达到了促进销售的目的。

图 8-35 关联陈列

3．主推陈列

每家店铺都会有几件主推商品，怎么排列可是一个要仔细思考的问题。就像商店里的橱窗陈列一样，显眼的位置总会被第一时间注意到。所以，选择主推的位置，也是要经过慢慢地尝试和调整的。有些客户习惯在店铺的首页寻找热销商品。一般来说，我们最好进行集中展示，主推商品的包装越显著越好，最好显示一些数据信息，比如用户评价、收藏量等。可以选择消费者大量需要的店铺主推商品作为陈列重点，如图 8-36 所示。

图 8-36 主推陈列

4．整体陈列

整体陈列是指将整套商品完整地展示给客户，比如将全套服饰作为一个整体，用人体模特从头到脚完整地进行陈列。整体陈列形式能帮助客户进行整体设想，便于客户购买。如图 8-37 所示为整体陈列。

图 8-37　整体陈列

5．裸露陈列

好的商品摆放应为消费者观察及选购提供便利。如果仅仅呈现商品包装，则是不足以让客户了解商品的。因此，应采用裸露陈列的形式，允许客户观看商品本身及内部细节，以便减少客户的心理顾虑，从而坚定客户的购买信心。如图 8-38 所示为裸露陈列。

图 8-38　裸露陈列

大家有没有注意到，商场里的货架，哪个位置摆放什么都是固定的，即使有节日的促销，也只是稍微调整一下位置。网店也是一样的，客户在熟悉了你的店铺之后，也会形成一种浏览习惯。所以，宝贝陈列的方式一旦确定下来，就不要频繁改动。如果有更好的布局方式，则可以慢慢地改动装修的陈列，让老客户慢慢适应。所谓“客户就是上帝”，一切不尊重客户体验的行为，都不会带来出色的营销结果。

8.2 详情页设计

无论是新手卖家还是久经淘宝战场的老卖家，都懂得商品详情页的重要性，相信没有一个消费者在浏览商品的时候不去了解商品详情页就直接购买的。一个设计精美的商品详情页能够激起客户的消费欲望，促使客户下单购买。那么，什么样的商品详情页才更吸引目标客户呢？

8.2.1 详情页的重要性

商品详情页作为店铺的一部分，已经越来越受到卖家的重点对待。无论是提高转化率，还是提升整个店铺的浏览量，详情页都能起到很大的推动作用。

1．提高转化率

影响店铺转化率的因素非常多，其中最重要的因素就是商品详情页，详情页中呈现的内容是否能打动消费者、满足消费者的需求都会影响店铺转化率。

2．延长页面停留时间

详情页不是商品的说明书，而是需要通过足够吸引人的内容、符合客户心理期望的呈现来描述商品的。丰富的内容、生动的呈现可以让消费者享受阅读和购物的乐趣，从而延长页面停留时间。

3．提升客单价

通过详情页的内容呈现、关联销售都可以挖掘客户的潜在需求。一旦客户的潜在需求被挖掘出来，再通过文案的营销，就很容易让客户产生关联购买，从而提升客单价。

4．降低跳失率

转化率提升以后，整个店铺的跳失率自然就会下降。

8.2.2　详情页的设计思路

店铺的商品详情页设计是直接决定交易能否达成的关键因素。根据运营情况，店铺商品可以分为新品、促销商品、热卖单品等。下面讲述这 3 种商品详情页的设计思路。

1．新品详情页的设计思路

对于刚刚研发上市的商品，在通过详情页让客户了解商品的同时，还需要把商品的设计理念准确无误地传达给客户。在设计新品详情页时需要注意以下几点。

1）突出差异化优势

在激烈的竞争环境中，想要让商品脱颖而出，最好的方式就是突出商品的差异化优势。所谓的差异化优势，指的就是商品的某一方面做到了极致，是竞争对手无法提出的或者无可比拟的卖点。如图 8-39 所示的“双面独立悬浮烤盘”卖点突出了商品的差异化优势。

图 8-39　突出差异化优势

2）强调品牌、品质

对于新品，消费者会对详情页里的内容持有一定的怀疑态度。此时就需要强调商品的品质，通过品牌来加强消费者对商品的信任程度，如图 8-40 所示。

3）运用各类营销方式

新发布的商品前期销量低，需要通过各种各样的营销方式为商品积累一定的基础销量，这也是新品详情页需要优先思考的内容。如图 8-41 所示为新品打折促销。

图 8-40 强调品牌、品质

图 8-41 新品打折促销

2. 促销商品详情页的设计思路

对于促销商品，详情页的设计需要考虑以下几个因素。

1）突出活动力度

通过呈现活动的力度，吸引客户对商品产生兴趣和关注。如图 8-42 所示为促销活动送各种大礼包，突出了活动的力度。

2）强调性价比

光靠活动还不足以让客户购买，当客户对活动和商品产生兴趣之后，再强调商品的性价比及功能，给客户塑造物超所值的感觉，将会有效地提升商品的转化率，如图 8-43 所示。

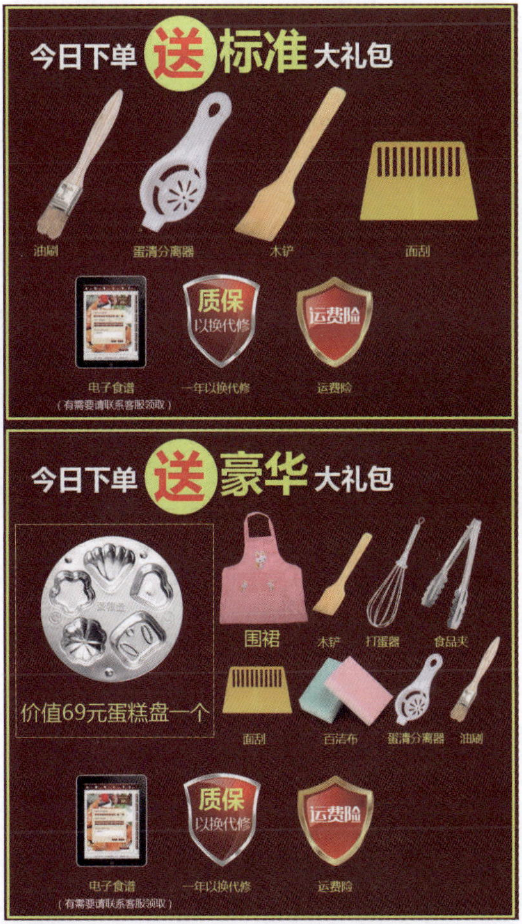

图 8-42　突出活动力度

图 8-43　强调性价比

3. 热卖单品详情页的设计思路

热卖单品指的是店铺里销量比较高的商品，对于这类商品的详情页设计，我们需要突出商品的热销盛况及其优势。

1）突出商品的热销盛况

利用消费者的从众心理去提升商品的转化率是营销里常用的方式之一。如图 8-44 所示，突出商品的热销盛况，暗示客户商品被大众认可，降低客户的购买顾虑。

2）强调商品的优势

利用商品的优势来佐证大众选择的正确性，只有优质的商品才可以促使客户下决心购买，如图 8-45 所示。

图 8-44 突出热销盛况

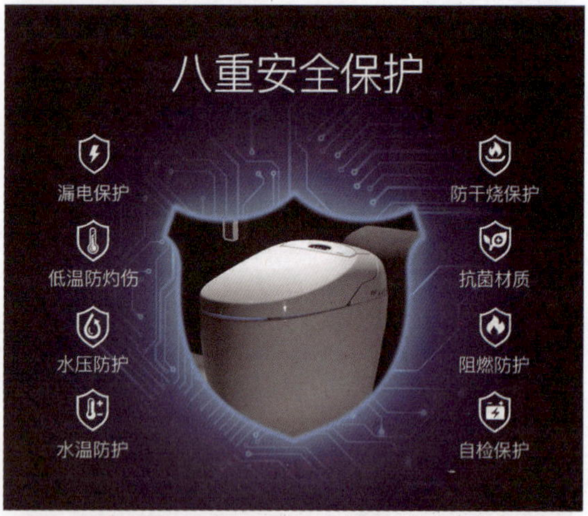

图 8-45 强调商品的优势

8.2.3 详情页的设计实战

这里主要讲述使用 Photoshop 设计详情页的过程，具体操作步骤如下。

（1）启动 Photoshop，选择“文件”|“新建”命令，弹出“新建”对话框，将“宽度”设置为 550 像素，“高度”设置为 650 像素，“背景内容”设置为“背景色”，如图 8-46 所示。

（2）单击“确定”按钮，新建空白文档，如图 8-47 所示。

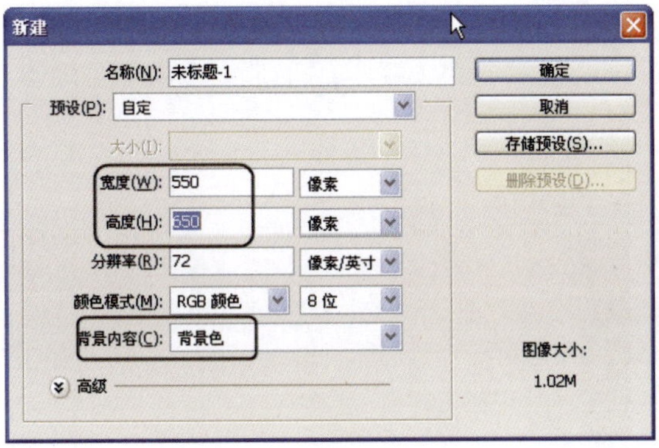

图 8-46　“新建”对话框

图 8-47　新建空白文档

（3）选择工具箱中的“矩形工具”，在舞台中绘制矩形，如图 8-48 所示。

（4）选择工具箱中的“椭圆工具”，在舞台中绘制椭圆，如图 8-49 所示。

图 8-48　绘制矩形

图 8-49　绘制椭圆

（5）选择工具箱中的“椭圆工具”，绘制更多的椭圆，如图 8-50 所示。

（6）选择工具箱中的“圆角矩形工具”，在舞台中圆角矩形，如图 8-51 所示。

（7）选择工具箱中的圆角矩形工具、椭圆工具和矩形工具，绘制两个圆角矩形、多个椭圆和一个矩形，如图 8-52 所示。

（8）选择工具箱中的“自定义形状工具”，在选项栏中选择相应的形状，在舞台中绘制两个形状，如图 8-53 所示。

图 8-50 绘制多个椭圆

图 8-51 绘制圆角矩形

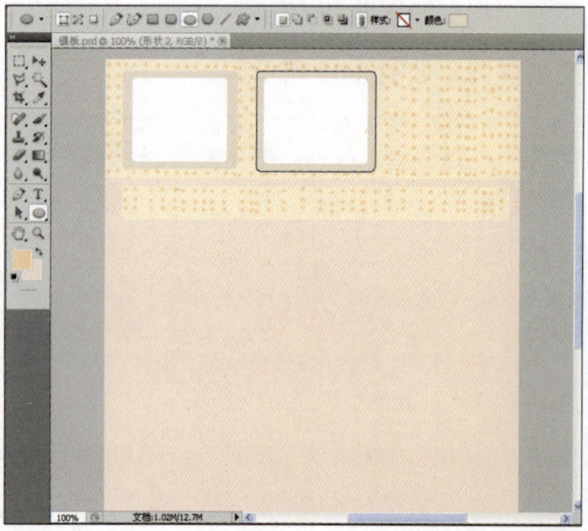

图 8-52 绘制圆角矩形、椭圆和矩形

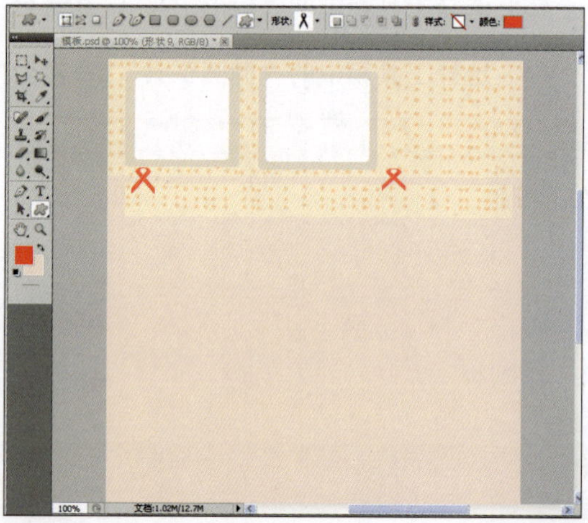

图 8-53 绘制形状

（9）选择“文件”|“置入”命令，置入一幅图像，如图 8-54 所示。

（10）选择工具箱中的“横排文字工具”，在舞台中输入相应的文字，如图 8-55 所示。

（11）单击选项栏中的“创建变形文字”按钮，弹出“变形文字”对话框，设置变形文字效果，如图 8-56 所示。

（12）单击“确定”按钮，创建变形文字，如图 8-57 所示。

图 8-54　置入图像

图 8-55　输入文字

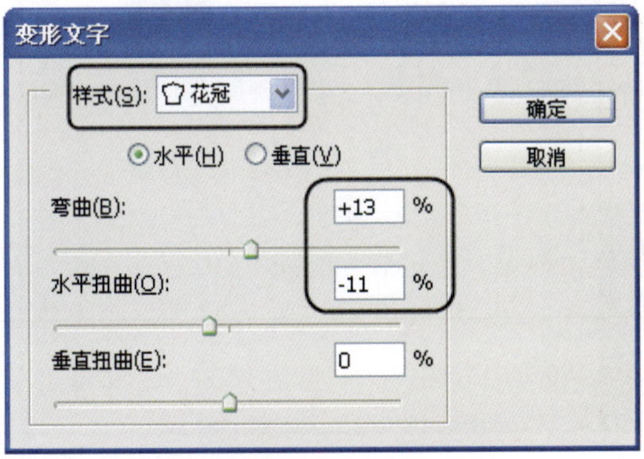

图 8-56　“变形文字”对话框

图 8-57　创建变形文字

（13）选择“图层”|“图层样式”|“描边”命令，弹出“图层样式”对话框，将“大小”设置为 3 像素，如图 8-58 所示。

（14）单击“确定”按钮，设置描边效果，如图 8-59 所示。

（15）选择工具箱中的“自定义形状工具”，在选项栏中选择相应的形状，在舞台中绘制多个星形，如图 8-60 所示。

（16）选择工具箱中的“圆角矩形工具”，在舞台中绘制两个圆角矩形，并设置图层投影和内阴影效果，如图 8-61 所示。

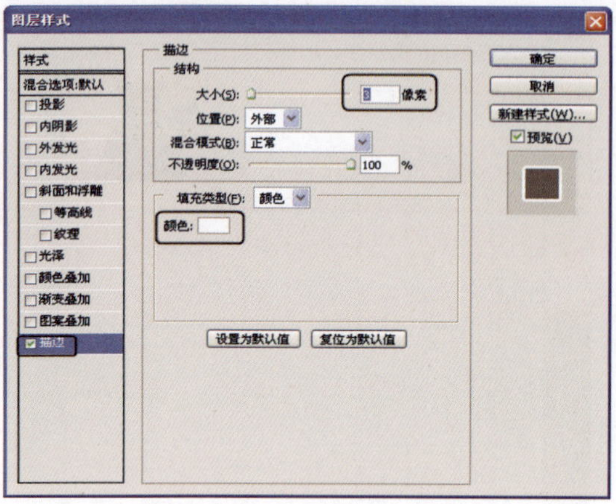

图 8-58 设置描边样式

图 8-59 设置描边效果

图 8-60 绘制多个星形

图 8-61 绘制圆角矩形并设置图层投影和内阴影效果

（17）选择工具箱中的“线条工具”，在舞台中绘制多个线条，如图 8-62 所示。

（18）选择工具箱中的“自定义形状工具”，在选项栏中选择相应的形状，在舞台中绘制形状，并设置描边效果，如图 8-63 所示。

（19）选择工具箱中的“横排文字工具”，在舞台中输入文字 1、2、3，如图 8-64 所示。

（20）选择工具箱中的“横排文字工具”，在舞台中输入相应的导航文字，并设置描边效果，如图 8-65 所示。

图 8-62　绘制多个线条

图 8-63　绘制形状并设置描边效果

图 8-64　输入文字

图 8-65　输入导航文字并设置描边效果

8.2.4　将图片切割为适合网页应用的元素

将图片切割为适合网页应用的元素的具体操作步骤如下。

（1）启动 Photoshop CS5，打开相应的模板文件，如图 8-66 所示，选择工具箱中的“切片工具”。

（2）按住鼠标左键在舞台中绘制切片，如图 8-67 所示。

图 8-66　打开模板文件

图 8-67　绘制切片

（3）制作其余的切片，如图 8-68 所示。

（4）选择“文件”|“存储为 Web 所用格式”命令，弹出“存储为 Web 所用格式”对话框，格式设置为 GIF，如图 8-69 所示。

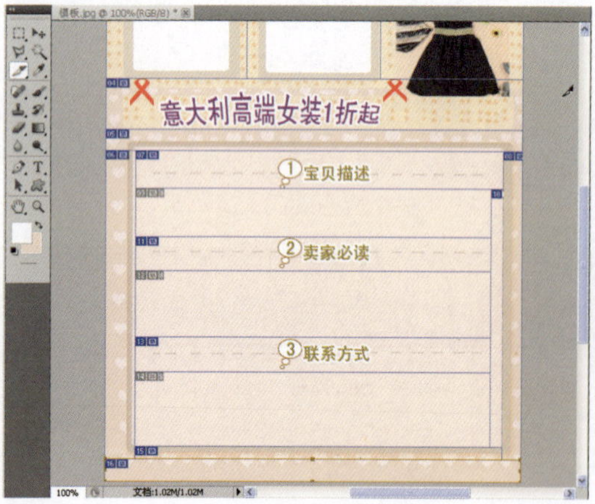

图 8-68　制作其余的切片

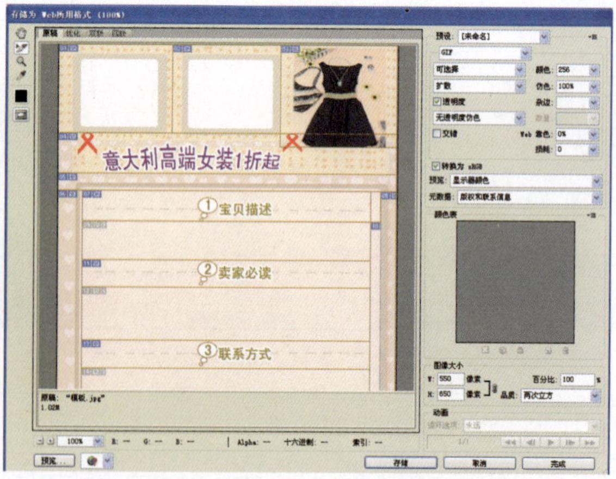

图 8-69　“存储为 Web 所用格式”对话框

（5）单击“存储”按钮，弹出“将优化结果存储为”对话框，选择存储文件的位置，“格式”选择“HTML 和图像”选项，如图 8-70 所示。

（6）单击“保存”按钮，保存文档，预览效果如图 8-71 所示。

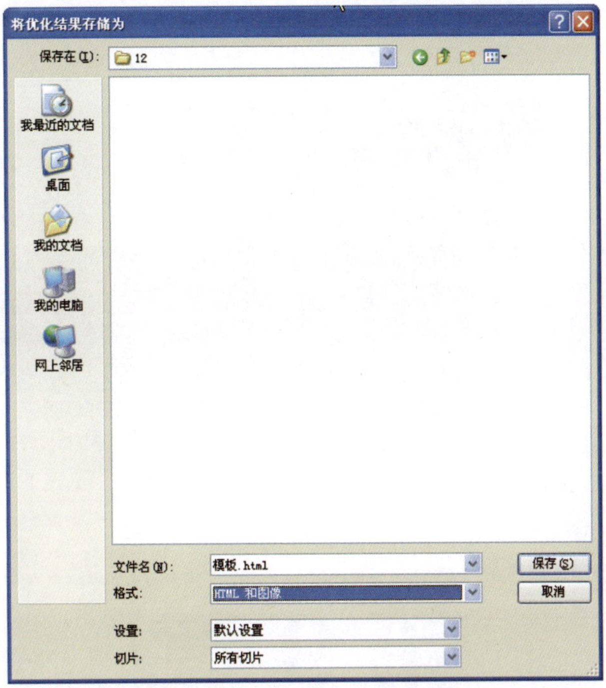

图 8-70　“将优化结果存储为”对话框

图 8-71　预览效果

第 9 章
设计店铺促销广告

本章指导

促销就是商家向客户传递有关店铺及商品的各种信息，说服或吸引客户购买其商品，以达到提高销量的目的。促销实质上是一种沟通活动，即商家发出刺激消费的各种信息，然后把信息传递给一个或更多的客户，以影响其态度和行为。

9.1　促销广告的意义

经常逛街的朋友都知道，商场、超市几乎天天都在举办促销活动，平日里促销的力度小一些，逢年过节促销的力度大一些。很多网店也在举办促销活动。那么，促销广告到底能给网店带来哪些好处呢？

第一，一场成功的促销活动可以激励客户的第一次购买行为。客户第一次进入一家店铺购买商品时心中存在的疑虑是很多的，促销活动执行得到位可以调动客户的购买热情，可以让客户忘掉疑虑，选择购买。

第二，可以让以前购买过的客户再次光顾。在商品质量没有问题的基础上，已经购买过的客户对你店铺的疑虑是比较少的，但是他的消费需求是有周期性的，策划一场成功的促销活动可以让他坚定再次购买的信心，也可以缩短客户的消费周期。

第三，可以帮助店主用最短的时间抢占市场份额。任何一场促销活动都是以销量或者销售额作为最终目的的，成功的促销活动可以带来更多的客户，也可以提高客户的平均购买金额。当有新品上架时，也可以利用促销活动快速打开市场。

第四，可以帮助店主更好地执行“加一销售法”。“加一销售法”的目的和促销活动的目的其实是一样的，就是想办法让客户产生第一次购买并且尽量让其多买一些，促销活动的执行可以让“加一销售法”的效果翻番。

第五，店铺还可以利用促销活动给予客户实实在在的好处，以回馈市场、回馈客户。

9.2　促销广告的设计方法

在店铺装修中，促销广告是不可缺少的，那么淘宝网店促销广告怎么设计？要做出既好看又吸引人的促销广告不是一件简单的事。下面给大家分享一些淘宝网店促销广告设计技巧。

9.2.1　促销广告的制作方法

目前，制作促销广告的方法基本上有三种。

第一种方法是先通过互联网寻找一些免费的宝贝促销模块，然后下载到本地并进行修改，或者直接在线修改，在模板上添加自己店铺的促销宝贝信息和公告信息，最后将修改后的模板代码应用到店铺的促销区即可。这种方法方便、快捷，而且无须支付费用；缺点是在设计上有所限制，个性化不足。如图 9-1 所示为网站提供的一些免费宝贝模板。

图 9-1　免费宝贝模板

第二种方法是自行设计宝贝促销网页。卖家可以先使用图像制作软件设计好宝贝促销版面，然后进行切片处理并将其保存为网页，接着通过网页制作软件（如 Dreamweaver）编排和添加网页特效，最后将网页的代码应用到店铺的宝贝促销区即可。这种方法由于促销广告是自行设计的，所以在设计上可以随心所欲，可以按照自己的意向设计出独一无二的宝贝促销效果；缺点是对卖家的设计能力要求比较高，需要卖家掌握一定的图像设计和网页制作技能。如图 9-2 所示为自行设计促销区。

图 9-2　自行设计促销区

第三种方法是最省力的，就是卖家从提供淘宝店铺装修的店铺里购买整店装修服务，或者只购买促销广告服务。目前淘宝网上有很多专门提供店铺装修服务和出售店铺装修模板的店铺，卖家可以购买这些装修服务，如图 9-3 所示。

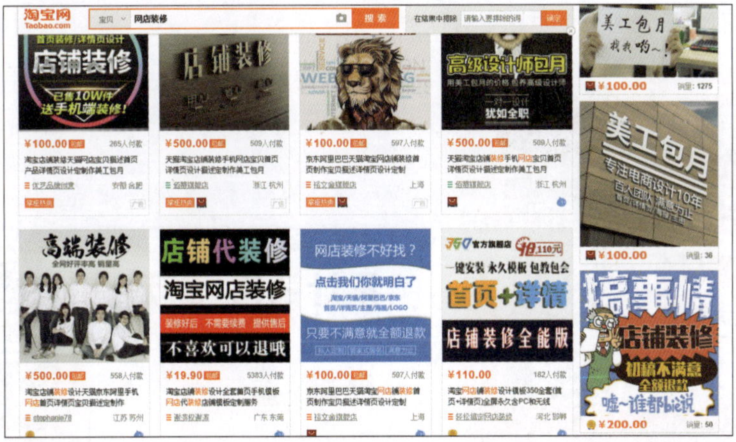

图 9-3　购买促销模板

就宝贝促销区设计而言，购买一个精美模板的价格在几十元左右。如果卖家不想使用现成的模板，则还可以让这些店铺为你设计一个专属的宝贝促销模板，不过价格比购买现成模板的价格要高。这种方法最省心，而且可以定制专属的宝贝促销模板；缺点就是需要花费一定的金钱。

9.2.2　突出活动主题

促销广告的设计必须有一个明确的主题，所有的元素都必须围绕这个主题展开。促销的主题一般是价格、折扣和其他促销内容，所以这个信息应该放在视觉焦点上，突出和放大显示。如图 9-4 所示突出了活动主题“领券立减 60 元”。

图 9-4　突出活动主题

所以，大家要明确促销的主题是什么，并不是每个点都要特别突出、吸引眼球，不这样做会适得其反。

如图 9-5 和图 9-6 所示，如果把两张促销广告进行对比，则会发现图 9-6 的效果好于图 9-5，因为在同一个页面中只表现一个主题更有优势。

图 9-5 多主题的组合效果不好

图 9-6 效果突出主题

9.2.3 保证广告形式美观

1. 色彩

色彩基调产生色彩感情，而色彩对比增加画面空间感。如图 9-7 所示为冷暖色对比。

图 9-7 冷暖色对比

控制色彩的简单方法是用色不超过 3 种，并按照 6:3:1 的比例配置。也就是说，三种颜色的面积对比为 6:3:1。比如，主色调为蓝色，那么其面积应该占到 60%；辅助色要选择主色调的色相环 15° 半径内的色彩，如黄色或者紫色，其面积应该占到 30%；对比色选择色相环对角线上的色彩，面积占 10% 左右。这个对比色虽然所占面积很小，但如果缺失，画面就会缺乏层次感。

2．字体

字体就是文字的风格样式，字体也是文化的载体，不同的字体给人的感觉也不同。那么，做好字体设计能给淘宝美工带来哪些好处呢？可以在很大程度上为设计加分。大家可以对比如图 9-8 和图 9-9 所示的两张海报，一张用传统字体设计标题，另一张则进行了字体设计，你觉得哪张海报更有设计感、更耐看一些？

图 9-8　传统字体

图 9-9　设计字体

3．标签

在广告设计中我们经常要用到一些标签，比如价格标签、促销内容标签，这些标签的设计也要符合商品的特点。如图 9-10 所示为全场打折标签，简洁、明快，和商品简洁、大方的风格相得益彰；而如图 9-11 所示是满就减标签。

图 9-10　全场打折标签

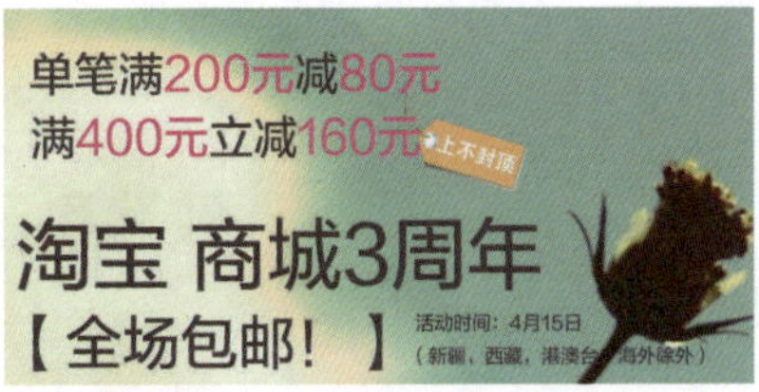

图 9-11　满就减标签

4．引导

明确的按钮和箭头都会对卖家产生不可低估的心理暗示，因为网页上显示的按钮看起来更有立体感，暗示我们去单击，如图 9-12 所示。

图 9-12 引导按钮

9.2.4 排版构图技巧

设计一张海报需要三样东西：文案、产品图和海报尺寸。把这些东西准备好之后，在设计过程中主要确定以下两个方面：

- 排版构图（文案 + 产品）。
- 海报配色（背景 + 文案与产品色的协调）。

确定好了构图版式，海报设计就成功了一半。常见的版式有三种：左文右图、左图右文和两边图中间文。

如图 9-13 所示为左文右图式海报。这张海报的左边文案排版非常典型，字体上粗下细、上大下小，上下主次分明，形成对比。

图 9-13 左文右图式海报

如图 9-14 所示为左图右文式海报。这张海报的右边文案采用的是淘宝官方引导的典型排版，字体也是上粗下细、上大下小的。

图 9-14　左图右文式海报

如图 9-15 所示为两边图中间文式的海报。一般情况下，一边是近景，另一边是远景，产生对比和呼应。

图 9-15　两边图中间文式海报

当海报上需要放置过多的促销商品时，可以采用如图 9-16 所示的这种版式，中间的半透明框用于输入文案。

图 9-16　多种商品促销

海报设计过程中版式的平衡感极为重要，同时还要处理好不同物体之间的对比关系，比如文案字体的大小对比、粗细对比、模特的远近对比等。好比我们在画静物素描的时候，静物的摆放也是层次分明的。

9.2.5 淘宝首页焦点图设计

淘宝首页焦点图是非常重要的，客户进入店铺后第一眼看到的就是这张图。很多淘宝店铺的首页焦点图都设计得非常有特色，不管是色调、风格还是标准色都非常吸引人。那么，怎样设计极具特色的首页焦点图呢？

1. 色彩大碰撞

运用强大的色彩反差、强烈的视觉冲击来吸引客户的眼球。同时使用辅助色来调节整个画面，合理地控制色彩的面积、纯度、透明度。而且要保证使用的色彩与宝贝的特点相符合，比如，高档奢侈品可以使用黑色或者紫色，首饰用品则可以使用粉色，如图 9-17 所示。

图 9-17　首饰用品

2. 模特肢体语言

在商品严重同质化的淘宝里，如果连模特的造型都是一样的，那就没有什么新意可言了。我们想要设计一张能够吸引客户的首页焦点图，首先必须摆脱与别人相似的风格，使用的模特可以突出独特、夸张的造型和肢体语言，如图 9-18 所示。

图 9-18　模特肢体语言

3. 适当的留白

留白是艺术创作中一种常用的表现手法，能够使整个作品的画面、章法更为协调、精美，给人留下想象的空间。这种手法也可以用在焦点图的设计上。当一个物体挤占了画面的一部分，另一部分做留白处理，只写上寥寥几个字或者一句话时，留白处的信息便是焦点区，它能把客户的视觉集中到这一处显眼的地方，如图 9-19 所示。

图 9-19　适当的留白

9.3　促销广告的制作步骤

促销广告是指直接向消费者推销产品或服务的广告形式，通过运用各种途径和方式，将产品的质量、性能、特点、带给消费者的方便性等进行诉求，唤起消费者的消费欲望，从而达到广告的目的。下面讲述促销广告的制作方法，具体操作步骤如下。

（1）启动 Photoshop CC，新建一个空白文档，如图 9-20 所示。

图 9-20　新建空白文档

（2）在工具箱中选择“渐变工具”，在选项栏中单击“点按可编辑渐变”按钮，弹出“渐变编辑器”对话框，如图 9-21 所示。

图 9-21　“渐变编辑器”对话框

（3）设置渐变工具颜色，单击“确定”按钮，在舞台中按住鼠标左键从左向右拖曳填充渐变，如图 9-22 所示。

图 9-22　填充渐变

（4）选择“文件”|“置入”命令，弹出“置入”对话框，选择需要置入的图像，如图 9-23 所示。

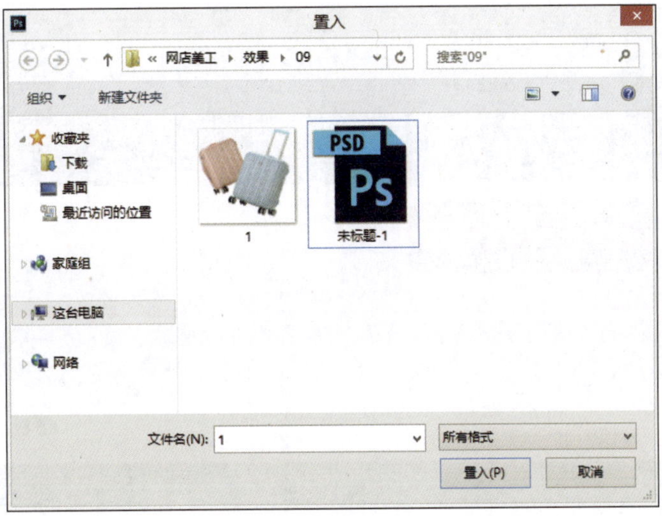

图 9-23　“置入”对话框

（5）单击“置入”按钮，置入图像，如图 9-24 所示。

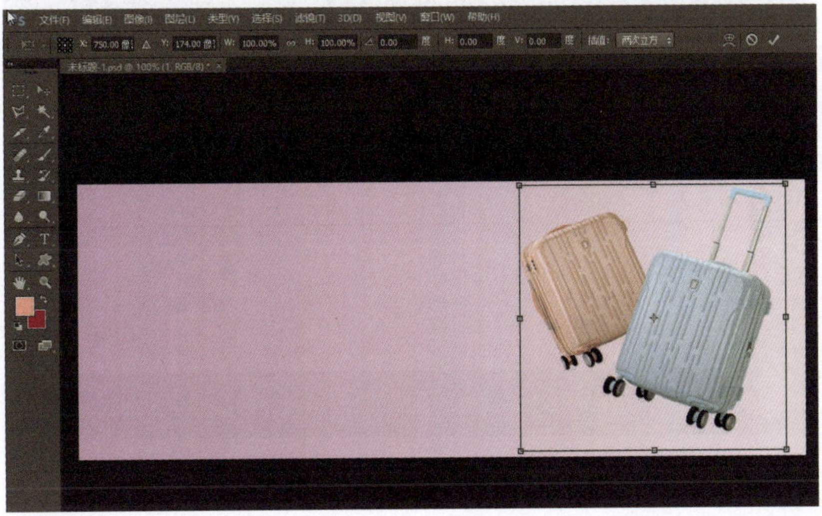

图 9-24　置入图像

（6）选择工具箱中的“圆角矩形工具”，在选项栏中将“填充”颜色设置为红色，在舞台中按住鼠标左键绘制圆角矩形，如图 9-25 所示。

（7）选择工具箱中的“圆角矩形工具”，在选项栏中将“填充”颜色设置为“无”，将描边颜色设置为白色，在舞台中按住鼠标左键绘制圆角矩形，如图 9-26 所示。

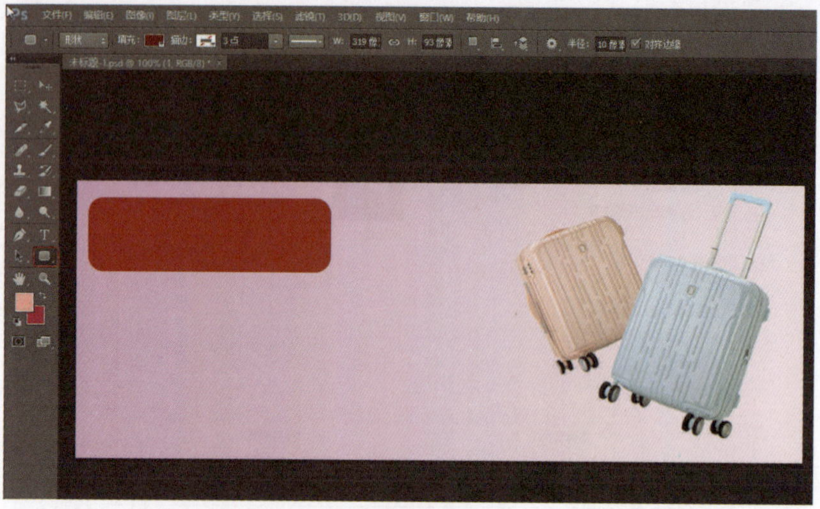

图 9-25 绘制圆角矩形 1

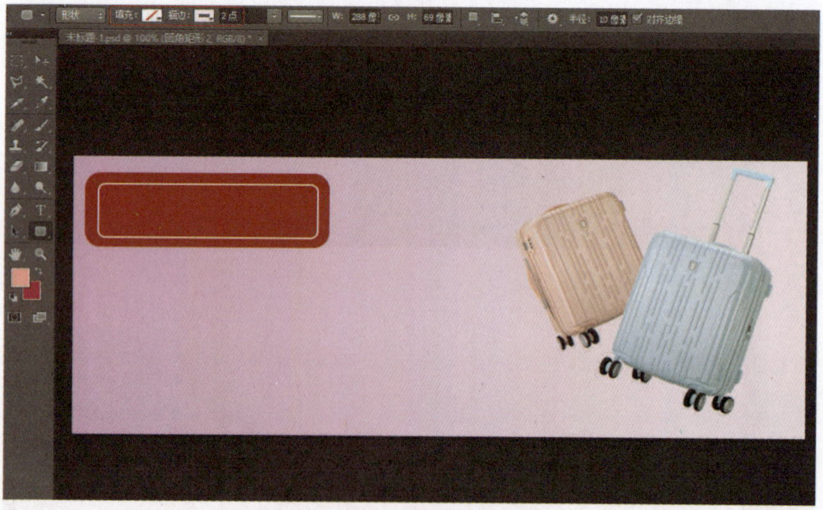

图 9-26 绘制圆角矩形 2

（8）选择工具箱中的“横排文字工具”，在舞台中输入促销文字，如图 9-27 所示。

（9）选择工具箱中的“椭圆工具”，在选项栏中将“填充”颜色设置为黄色，在舞台中绘制椭圆，如图 9-28 所示。

（10）选择工具箱中的“横排文字工具”，在舞台中输入文字“送”，按 Ctrl+T 组合键调整文字的形状，如图 9-29 所示。

指定热销款买就送
2月1日-2月3日
活动期间，凡购买指定热销款拉杆箱
即可获得一只小款拉杆箱

图 9-27　输入促销文字

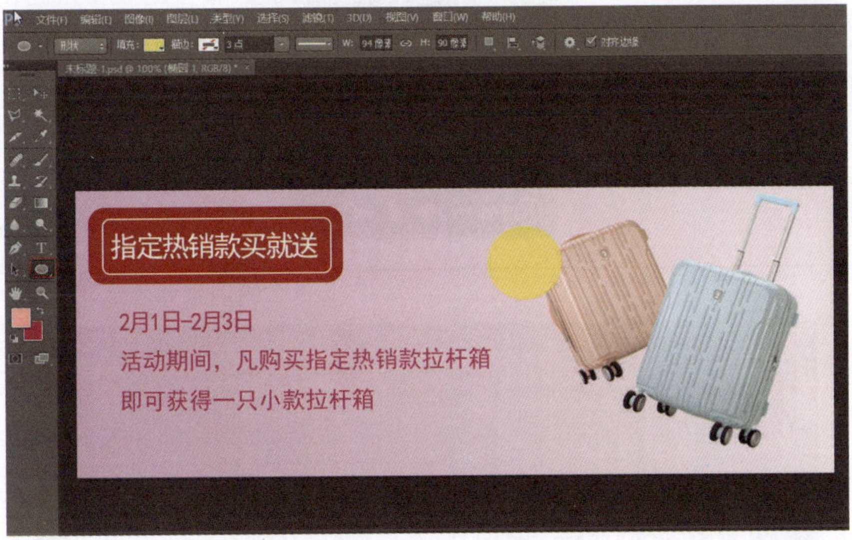
指定热销款买就送
2月1日-2月3日
活动期间，凡购买指定热销款拉杆箱
即可获得一只小款拉杆箱

图 9-28　绘制椭圆

（11）选择工具箱中的“自定义形状工具”，在选项栏中单击“形状”按钮，在弹出的列表中选择要绘制的形状，如图 9-30 所示。

（12）在舞台中按住鼠标左键绘制形状，在形状上面输入文字“立即抢购”，如图 9-31 所示。

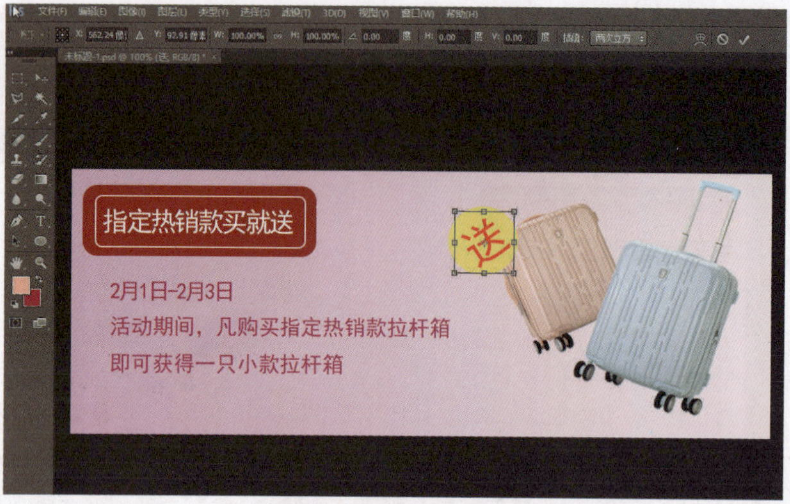
指定热销款买就送
送
2月1日-2月3日
活动期间，凡购买指定热销款拉杆箱
即可获得一只小款拉杆箱

图 9-29　输入文字并调整文字形状

形状：
对齐边缘

图 9-30　选择形状

指定热销款买就送
送
2月1日-2月3日
活动期间，凡购买指定热销款拉杆箱
即可获得一只小款拉杆箱
立即抢购

图 9-31　绘制形状并输入文字

9.4　促销广告的使用

促销广告制作完成后，我们就可以将其上传到网店中，让其发挥作用。首先将设置好的促销区图片上传到相册里，然后复制其地址，再粘贴到促销区。具体操作步骤如下。

（1）登录淘宝网，把图像上传到图片空间，然后复制链接地址，如图 9-32 所示。

图 9-32　复制链接地址

（2）返回淘宝网，单击“店铺管理”|“店铺装修”超链接，进入店铺装修页面，如图 9-33 所示。

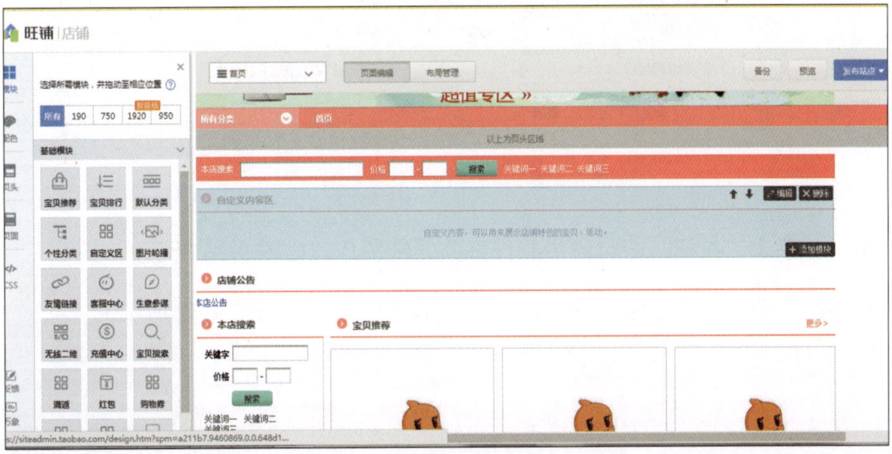

图 9-33　店铺装修页面

（3）单击“自定义内容区”右侧的“编辑”按钮，打开编辑内容页面，如图 9-34 所示。

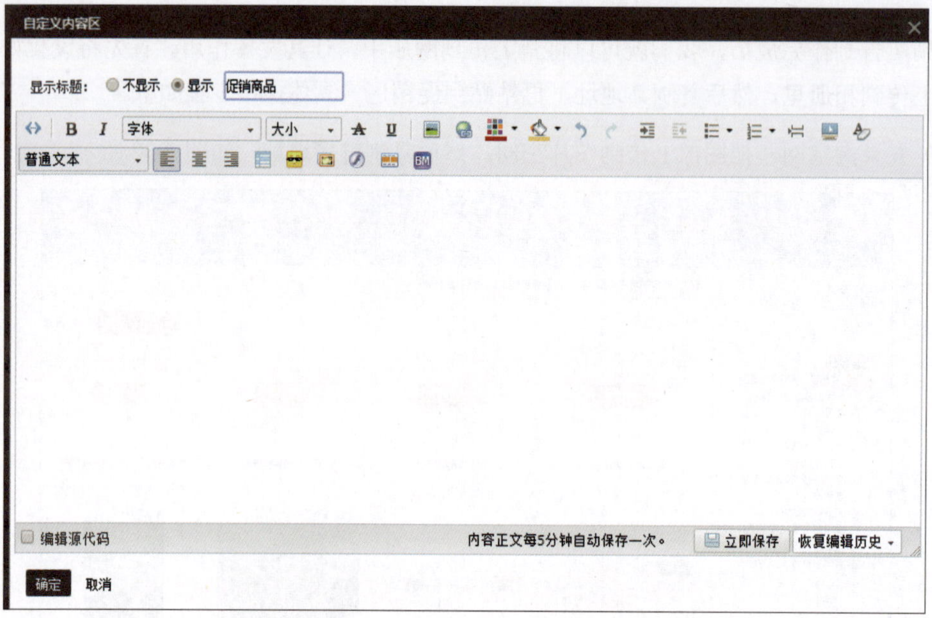

图 9-34　编辑内容页面

（4）单击图片按钮，在弹出的“图片”对话框中输入刚才复制的链接地址，如图 9-35 所示。

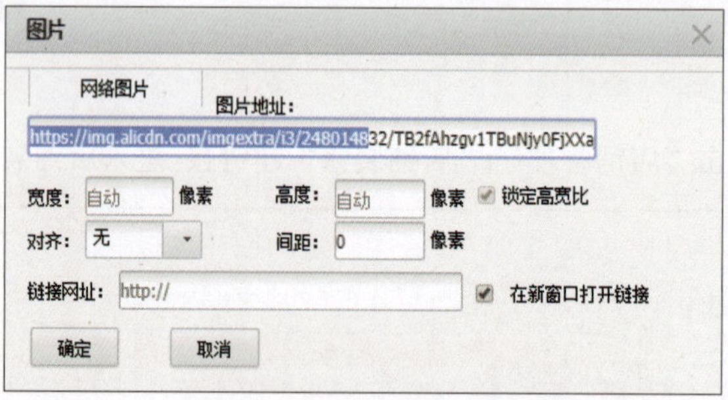

图 9-35　粘贴链接地址

（5）单击“确定”按钮，即可添加制作好的促销图片，如图 9-36 所示。

（6）单击“立即保存”按钮。查看自己的店铺，预览效果如图 9-37 所示。

图 9-36　添加促销图片

图 9-37　预览效果

第 10 章 无线端店铺设计装修

本章指导

随着移动网络的发展，越来越多的人喜欢在无线端上网购物，无线端购物已经成为一种趋势。在过去的两年里，手机淘宝成为阿里巴巴在移动端的战略重心，主要体现在商品浏览、检索、交易、沟通等环节。手机淘宝通过简化移动端的购物流程，面向移动场景开发新功能，如拍照购、语音搜索、摇一摇，让用户逐步习惯移动购物。并且无线端交易一定是未来的趋势，无线端流量、销量相比 PC 端的占比会越来越大，2017 年天猫“双十一”全天总交易额突破 1207 亿元，无线端交易额占比达 81.87%。重视手机淘宝，就要从手机淘宝店铺装修做起。

10.1　无线端店铺视觉呈现的重要性

移动互联网的发展越来越快，淘宝卖家越来越感受到 PC 端流量的短缺和移动端流量的巨大冲击力。店铺后台数据显示，70% 以上的流量来自移动端，60% 以上的成交来自移动端，崭新的移动互联网时代已经展现在我们面前，无线端店铺的视觉呈现愈发显得重要，对无线端店铺的视觉呈现进行专门的设计、打造已经成为商家迫切的需求。

那么，如何做好无线端店铺的视觉呈现呢？如何快速提升无线端店铺的转化率呢？

更富有视觉冲击力的无线端店铺能吸引客户的注意力，使得客户驻足往返；做好无线端信息的快速传播，使得信息有条不紊，更容易吸引客户；而无线端交互体验更能搭建起无线端界面和用户之间沟通的桥梁，使得客户快速上手。

10.1.1　无线端店铺装修趋势

无线时代已经来临，对无线端店铺进行装修是任何一个电商商家都必须重视起来的事情。

1. 无线端店铺主要访问端口情况分析

无线端店铺有三个访问端口，分别是淘宝 App、天猫 App 和 WAP 端口触屏版。如图 10-1 所示是无线端店铺的三个访问端口情况。

图 10-1　无线端店铺的三个访问端口情况

当然，三个访问端口的呈现方式会随着淘宝 App、天猫 App 的升级而发生变化，但总体趋势是越来越方便消费者选购商品。所以，在考虑无线端店铺的装修方案时，首先要考虑如何方便消费者。

2. 为什么要做无线端店铺装修

我们通过上述三个访问端口对一些无线端店铺进行随机访问，发现了几个突出的问题：无线端店铺直接引用 PC 端的设计，从而导致文字偏小看不清；图片太大，手机屏幕很难有很好的呈现；色彩太暗，等等。移动互联网发展到今天，店铺流量的 80% 以上来自无线端，无线端店铺装修刻不容缓。

10.1.2 无线端用户特点分析

在开始无线端店铺装修之前，我们首先要站在用户的角度去分析移动终端购物的用户使用习惯和购物环境，并思考如何通过店铺装修引导消费。

1. 使用时间碎片化

绝大多数人会利用闲散的时间来浏览无线端店铺，可能是在等车的时候，可能是午休时间或吃饭的时候等着上菜，更有可能是在上厕所的时候。浏览时间一般不长，这就要求你的页面有简洁明了的表达，突出产品的卖点及店铺的利益点，让消费者一眼就能看懂，并有兴趣看下去，如图 10-2 所示。移动端人群在网上购物的时间特征如图 10-3 所示。

图 10-2 突出卖点

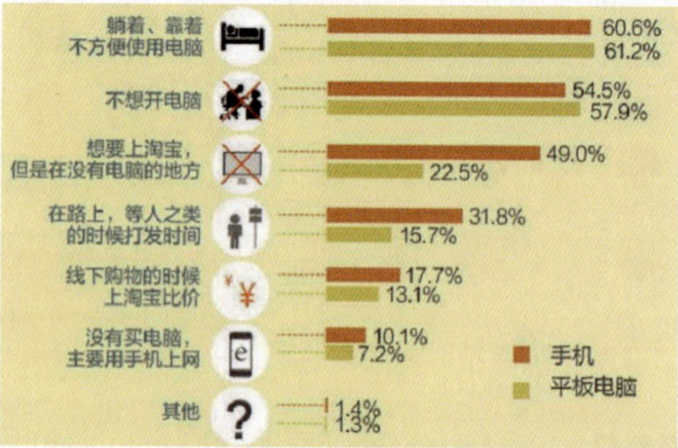

图 10-3 移动端人群在网上购物的时间特征

使用移动设备，上网更加方便和快捷，消费者可以随时随地上网。从阿里巴巴后台数据中可以得出三个有意思的时间点：消费者经常在“床上”“车上”“马桶上”使用移动设备。这就说明消费者更多地利用移动设备打发等待时间，那么，在设计无线端店铺装修方案时一定要注意如何更快捷地让消费者在短时间内获取到其感兴趣的内容。

2. 快速阅读

对比在 PC 端的阅读习惯，移动端的阅读速度会相对更快。同时，用户在使用移动终端时的视觉相对 PC 端而言较短，注意力集中时间也会缩短。因此，针对移动端用户的特点，无线端店铺的页面设计有一定的局限性，并不能像 PC 端那样具有较大自由度的发挥空间。

3. 移动端消费者的年龄特征

移动端消费者的年龄特征如图 10-4 所示。

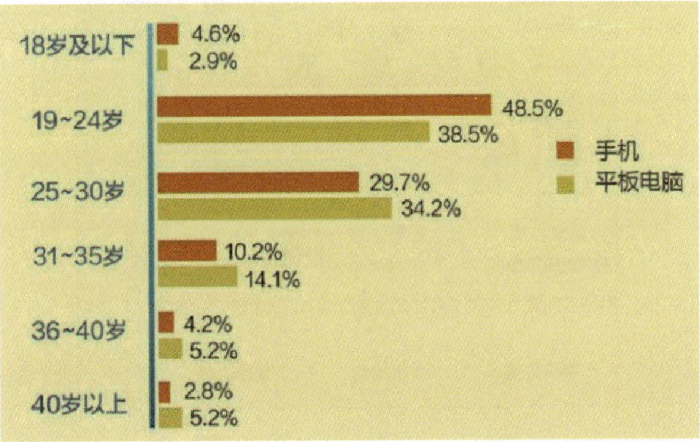

图 10-4　移动端消费者的年龄特征

移动端消费者的年龄主要集中在 19 ～ 35 岁，而这正是有消费能力的年龄区间，他们普遍具有较高的学历，同时具有一定的经济能力，对新事物的接受度比较高，更适应互联网生活方式，是移动端购物的主力军。商家需要充分考虑人群年龄特征，通过数据分析找出自己店铺的目标消费人群，做好相应的无线端店铺营销。

4. 移动端消费者人群的主要购物习惯及行为特征

在移动端浏览路径中，搜索占比最大，这就需要商家特别注意以下几点：

（1）手机端搜索的重要性，手机搜索框下拉词的重要性。如图 10-5 所示为店铺首页顶部的搜索框。

图 10-5　店铺首页顶部的搜索框

（2）搜索列表页面，主图优化的重要性。

（3）关于搜索框下拉词更多的是推广运营分析的内容，搜索列表中的主图就更小了，能看清楚的主图都是图片清楚、单一、色彩鲜艳的宝贝。

5．移动端人群上网的主要目标

通过图 10-6 我们注意到，消费者通过无线设备上网的重要事情是查询、购买商品，以及对比价格等。

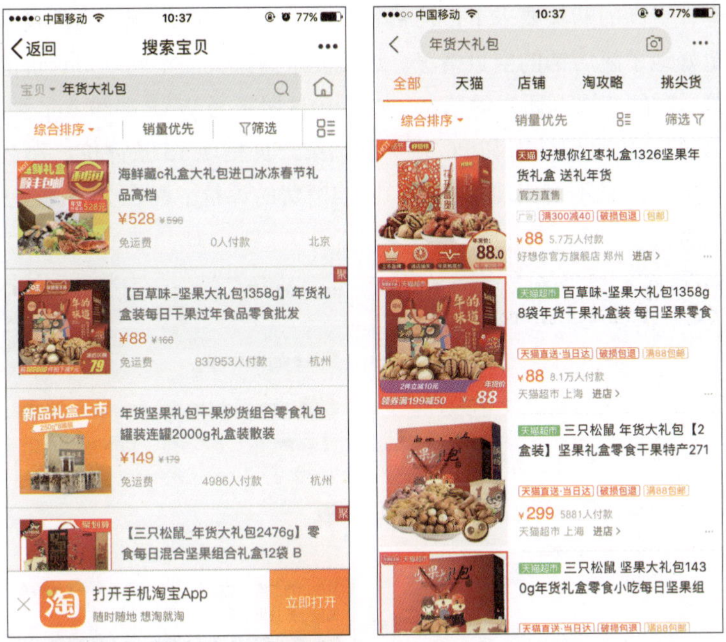

图 10-6 WAP 和 App 手机端搜索列表

6. “90 后”人群喜爱的移动购物优惠打折方式

直降、优惠券、秒杀、特卖等是“90 后”人群喜爱的移动购物优惠打折方式，超 5 成“90 后”人群喜欢直降，优惠券、秒杀与特卖的喜爱人群占比分别为 45.8%、42.9% 和 40.9%，如图 10-7 所示。

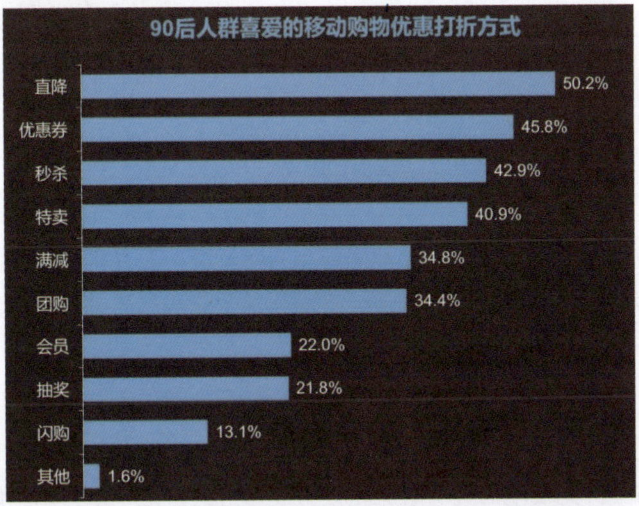

图 10-7 “90 后”人群喜爱的移动购物优惠打折方式

在更快的节奏、更高的购买要求下，消费者在移动端购物时最想知道的是用户评价，希望能通过别人的评价更好地了解店铺的宝贝情况。这就要求商家关注不同端口评价的呈现情况，尽可能做到让客户在第一时间获取到所需的信息。如图 10-8 所示为 WAP 端和 App 端的评价呈现情况。可以看到，WAP 端的评价呈现情况和 PC 端一样，第一页呈现 15 条评价，那么商家要注意维护好第一页的评价内容，尽量不要出现负面的、影响消费的评价；而在 App 端只能看到一条评价，维护起来相对更容易。

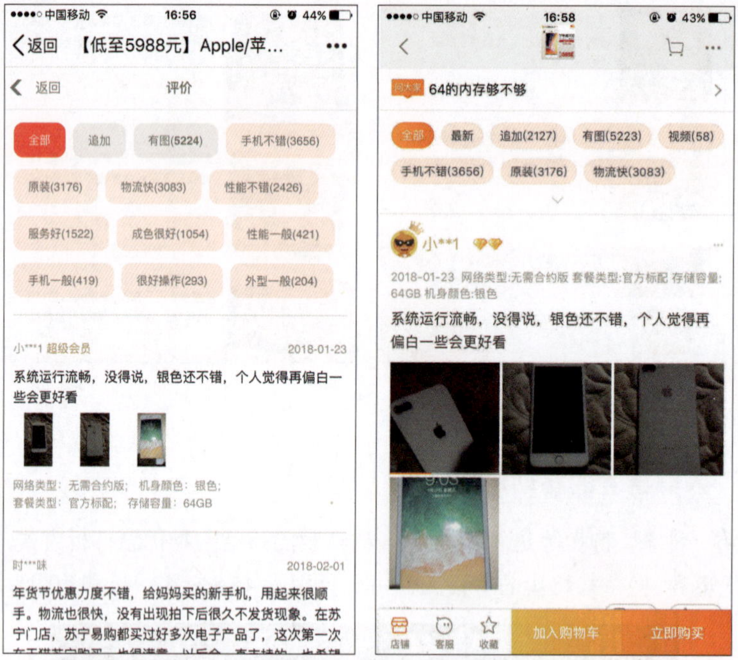

图 10-8 WAP 端和 App 端的评价呈现情况

10.1.3 无线端店铺装修的重要价值

通过对无线端发展趋势及消费者在移动端行为习惯的分析，介绍了店铺的页面呈现情况，可以很容易地看出无线端店铺装修的重要价值。下面分别从无线端店铺首页、详情页装修及无线端店铺装修注意事项三个方面来进行分析。

首先来看如图 10-9 所示的无线端店铺（触屏版和 App 版）首页装修对比。可以看出，左图的无线端店铺相对更漂亮、大气，宝贝呈现清楚，让人感觉到清晰的条理性和逻辑性，信息分层需要下一番功夫；右图的无线端店铺一看就是没有装修过的，是系统自动生成的，页面只呈现出无线端店铺的框架。左图更吸引消费者，这是显而易见的。

图 10-9　无线端店铺（触屏版和 App 版）首页装修对比

再来看如图 10-10 所示的无线端店铺详情页展示。对于左图，有说是卖家具的，有说是卖包的，更有说是卖地板的，说法真是五花八门，而事实上是卖女鞋的。这样的图片是直接从 PC 端一键转换过来的，在 PC 端屏幕很大，消费者可以通过页面上下关系很快知道是卖女鞋的，但是在无线端并不那么一目了然。对于右图，大家一眼就能看出是卖女鞋的。由此可见，为了吸引消费者的眼球，无线端详情页是需要独立设计的。

无线端店铺装修要注意如下事项。

（1）为了节省时间，很多卖家把 PC 端的图片直接用在无线端店铺上。这种做法是不可取的，因为无线端店铺上的图片尺寸有限制，如果直接把 PC 端的图片放在无线端店铺上，则会出现字体不清晰、图片显示不全等情况。

（2）由于无线端店铺受屏幕尺寸的影响，所以，为了提高消费者打开无线端店铺页面的速度，应该把促销活动和热卖商品放在最显眼的地方。

（3）为了打造成功的视觉营销，在装修无线端店铺时，色彩、风格应该一致。那些色彩过于刺眼、丰富的商品图片很容易造成消费者的反感，因此，在装修无线端店铺的时候，应该注意色彩的搭配。

图 10-10 无线端店铺详情页展示

10.1.4 无线端页面设计要点

在当下无线端店铺发展的大趋势、大环境下，掌握好无线端营销的方向就等于扼住了网络营销发展的咽喉。而要想做好无线端店铺营销，首先要做的是无线端店铺的装修，针对无线端页面的设计当然也不能落后。那么，无线端页面设计和 PC 端页面设计有哪些显著的差异呢？我们在设计时需要注意哪些要点呢？

1. PC 端与无线端页面设计的差异

在 PC 端，用户的浏览习惯一般是商品—关联—商品。用户先通过商品搜索，进入店铺的商品详情页，然后通过详情页的关联，再去到其他商品详情页。

无线端展示的内容有限，因此用户的浏览习惯肯定会有所不同。无线端的用户一般从单个宝贝开始浏览，之后才进入首页或二级页进行浏览。在无线端，用户的浏览习惯更多的是商品—首页—商品。用户先通过商品搜索进入店铺的商品详情页，然后回到首页，再去到其他商品详情页。因此，无线端的首页应该更加侧重于商品的导购，充分利用好首页空间，尽量设计多个入口，或者以主推商品、销量或收藏排序摆放商品，方便客户用最短的时间找到最想要的商品。

在处理首页—详情页—二级页这三者的关联上，我们要注意形成闭环的思路，在每个页面的底部利用好图文模块的关联，搭建与其他页面连接的桥梁，引导用户到其他二级页面浏览，如图 10-11 所示。

图 10-11　在页面底部利用好图文模块的关联

2. 清晰的导购思路

用户在看手机的时候会比较放松，如果在 4 秒内不能吸引到他，就会被无情地刷走。因此，拥有一个清晰的导购思路是非常重要的。无线端页面的设计核心是模块化，官方对页面模块的数量也有限制，因此我们要利用有限的版面创造更多的价值。普遍的无线端首页由店招、海报、分类入口、优惠券、单品展示等组成，如图 10-12 所示。

图 10-12　清晰的导购思路

3. 营造活动气氛

无线端页面的活动气氛营造可以通过改变店招和海报的色调与文案来体现。如图 10-12 所示的这两个无线端页面以红色系为主色调，以其他鲜艳的亮色系为辅助色，在页面的醒目位置放上优惠券和促销信息等字眼来吸引用户。

4. 模块化设计

在促销活动期间，首先要利用好首页的模板，看什么模块适合展示小的活动、什么模块适合展示分类入口、什么模块又适合展示主推商品。然后对用户的购买心理及购物、浏览习惯进行分析，做好模块化的导购。

在进行整体设计时最重要的就是要突出一点：整齐统一。尽量使用扁平化设计，去掉冗余的效果，省时、省力！

10.2　无线端店铺首页装修

无线端店铺的流量和成交量已经远远超过 PC 端，无线端店铺首页装修也成了店铺装修的重点工作。无线端店铺首页装修该怎么做？

10.2.1　无线端店铺首页特征分析

首页是引流和达成转化成交的第一步。那么，无线端店铺首页有哪些特征呢？

1．手机端的特点

手机端有如下一些特点。

（1）屏幕比较小，页面流量小，能展现的页面内容也就比较少，这就要求我们在设计首页时需要注意精简页面长度，优化页面图片。

（2）无线端由于版块和网络受限，因此页面设计相对而言会较为简单、平凡。无线端首页设计以模块为主，而且官方对模块的数量也有要求。在设计首页的时候要注意利用好有限的模块，做好店铺的导购和关联，或者展示店铺的主推商品。我们可以设计一些分类入口、专区入口、活动入口，帮助用户有目的性地浏览，引导用户进入二级页面查看商品，如图 10-13 所示。

图 10-13　做好店铺的导购和关联

（3）手机端用户访问页面时用的都是休闲时间，这就要求手机端页面具有趣味性、互动性、神秘感，注意把用户的休闲时间转化成购物场景。

（4）手机端用户访问页面多使用碎片化时间，这就要求手机端页面的表达要精确、清晰、具有诱惑力。

2. 手机端首页的流量流向特征

手机端首页和PC端首页有着截然不同的客户访问流向特征。

PC端首页更多的是为了展示品牌形象和店铺活动，且PC端首页访问主要是从宝贝详情页跳转而来的，直接访问店铺首页的相对比较少。手机端首页访问则可以通过详情页、搜索店铺、扫描店铺二维码、店铺微淘等多个角度跳转而来。

10.2.2 无线端店铺首页装修入口及后台操作

登录淘宝账号，进入卖家中心，选择“手机淘宝店铺”，单击“立即装修”按钮，如图10-14所示，进入无线运营中心，如图10-15所示。

图10-14 淘宝网卖家中心

图 10-15　无线运营中心

单击“店铺装修”，选择“店铺首页”，进入店铺首页装修页面，主要有三个模块，分别是宝贝类、图文类和营销互动类，如图 10-16 ～图 10-18 所示。

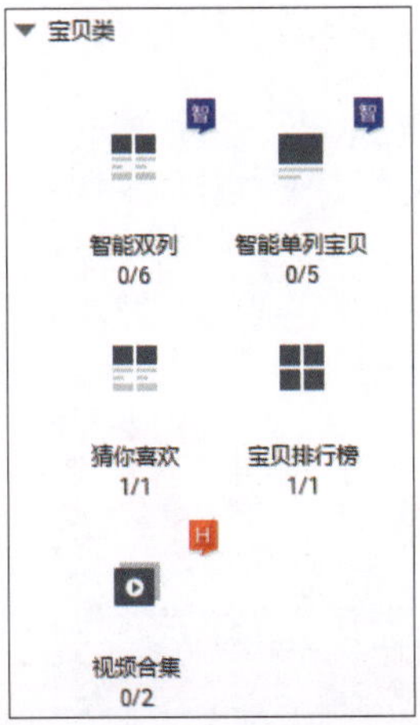

图 10-16　宝贝类模块

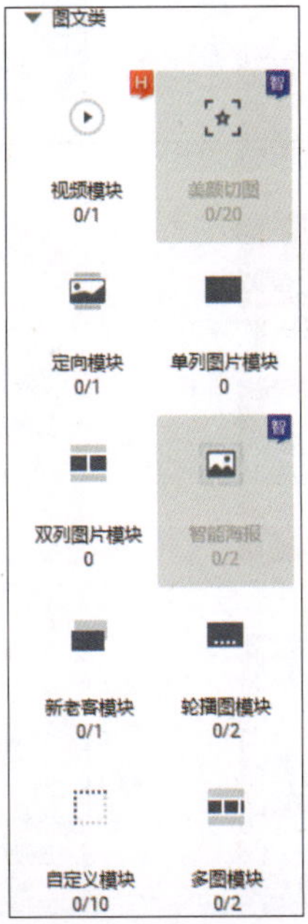

图 10-17　图文类模块

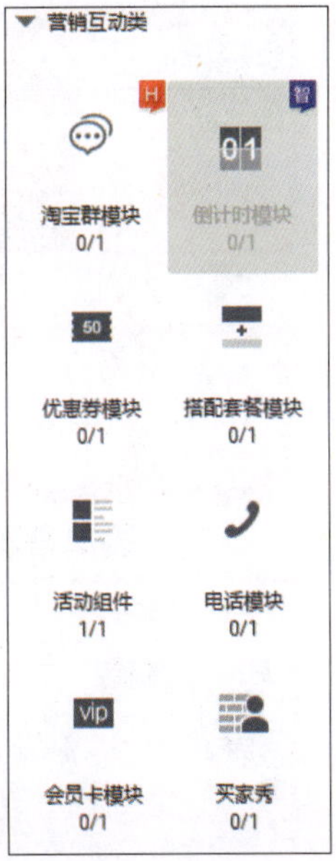

图 10-18　营销互动类模块

这三个模块都是所见即所得的，相对比较简单，可以单击相应的模块进行操作，在此不做重复描述。无线端店铺首页装修的局限性是比较大的，页面长度不能超过规定模块数量。一般没有购买模板的店铺使用较多的模块为自定义模块、单列图片、双列图片，其他则较少使用。

通过店铺真实成交量及生意参谋等辅助性软件对店铺内的商品进行分析并决定首页的排版。一般会将销量较高的爆款放在页面靠前的位置，其表现形式可为单张海报陈列、海报轮播、爆款推荐模块等；将店铺内性价比较高和点击率较高的宝贝放在店铺中间的位置，目的是使进入店铺的消费者有继续浏览页面的欲望，如图 10-19 所示。

页面风格需根据店铺所销售的宝贝特性、主要购买人群及品牌风格进行设计。页面风格定位的主要目的是吸引消费者的目光、迎合大多数客户的审美，以及给自己的商品定位。比如，儿童用品可以设计得比较可爱、温馨、简约，因为它的主要购买人群为年轻妈妈，但是孩子的其他长辈均为可购买对象，所以页面设计需要有自己的风格，但也不要突兀，这样才能迎合多数人的审美及心理，如图 10-20 所示。

图 10-19 首页的排版

图 10-20 页面风格的定位

10.2.3　无线端店铺首页装修实战

当用户访问无线端店铺的时候，首页的信息展示是非常重要的，它在很大程度上影响了用户是否决定停留。一个合理的店铺首页对店铺的发展起到重要的推动作用。

首页装修的目的在于减少跳失率、增加转化率、增加访问深度。虽然很多客户是通过宝贝详情页进入店铺的，但是客户如果对店铺里的商品感兴趣，则会回到首页，然后再看看其他商品，最后才做出决定。所以，店铺首页装修特别重要。

在淘宝业务逐渐向无线端倾斜的大趋势下，要想提高无线端店铺的成交率，无线端店铺首页装修是必不可少的。无线端店铺首页装修的具体操作步骤如下。

（1）在浏览器中打开淘宝网，单击右上方的“卖家中心”，如图 10-21 所示。

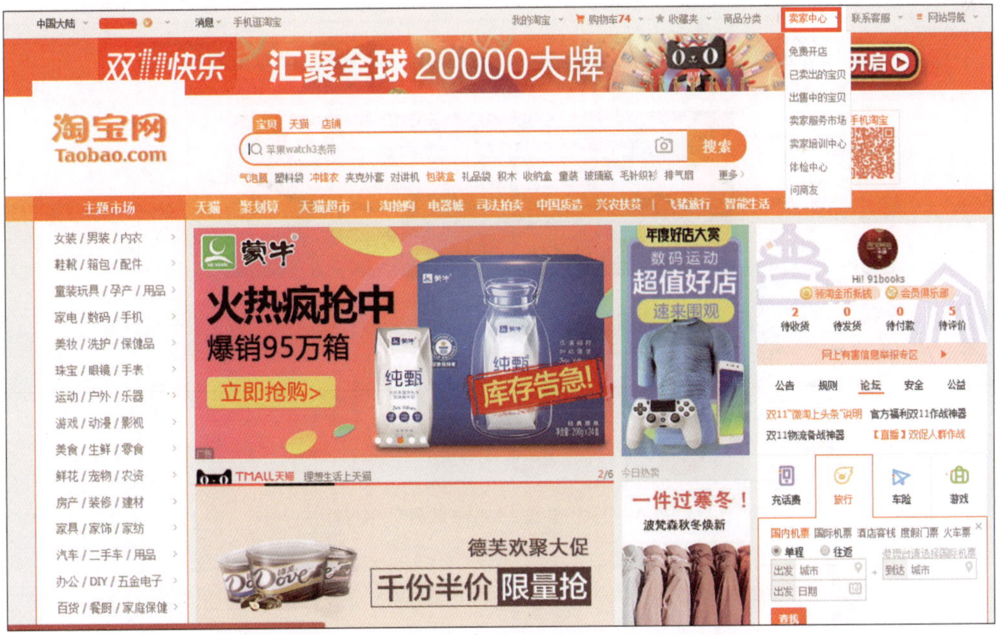

图 10-21　单击“卖家中心”

（2）进入卖家中心页面，单击左侧导航栏“店铺管理”中的子菜单“手机淘宝店铺”，如图 10-22 所示。

（3）单击“无线店铺”下的“立即装修”按钮，进入无线运营中心，如图 10-23 所示。

（4）依次单击“无线店铺”|“店铺装修”|“装修手机淘宝店铺”|“店铺首页”，如图 10-24 所示。

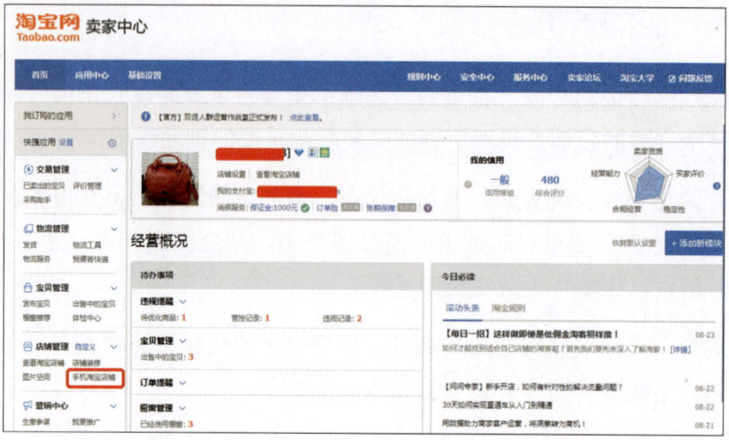

图 10-22 单击“手机淘宝店铺”子菜单

图 10-23 单击“立即装修”按钮

图 10-24 选择手机淘宝店铺首页装修

（5）选择模板后单击“试用模板”按钮，如图 10-25 所示。

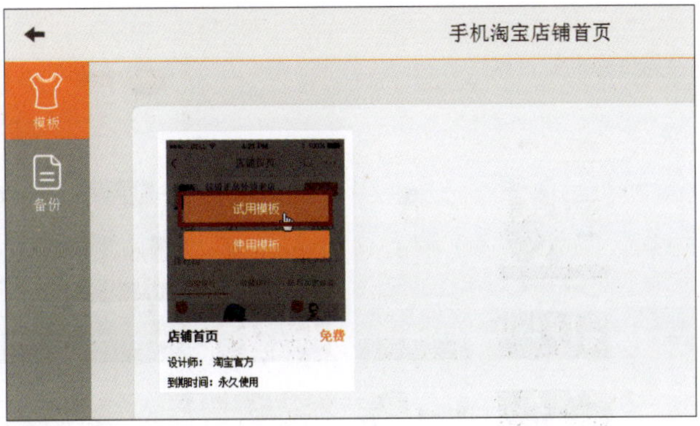

图 10-25　单击“试用模板”按钮

（6）选择“宝贝类”下的“智能单列宝贝”，用鼠标拖曳到中间的编辑区，在右侧的单列宝贝模块中可以设置标题、宝贝个数、关键字、排序规则和类目等，如图 10-26 所示。

图 10-26　选择“智能单列宝贝”

10.2.4　购买无线端装修模板

随着手机淘宝无线端店铺装修模板的全面上线，淘宝为卖家提供了更多个性化的无线端装修模板，在助力卖家网店销量更为高涨的同时，也提升了消费者的浏览体验。无线端装修模板以模板为单位进行购买与使用，在购买单个模板后，商家可自由使用该模板。具体操作步骤如下。

（1）打开无线运营中心（wuxian.taobao.com），单击“装修市场”，进入装修市场模板页面，如图 10-27 所示。

图 10-27　装修市场模板页面

（2）选择合适的模板，单击“立即购买”或“马上试用”按钮，建议先选择试用进行效果预览，如图 10-28 所示。

图 10-28　选择合适的模板购买或试用

（3）进入试用环境后，可自由调整模块顺序、宝贝排列，方法与无线端店铺装修一致，如图 10-29 所示。所有在使用期限内的模板都会在无线运营中心后台展现。

图 10-29　试用模板

10.3　无线端店铺活动页装修

随着平台流量和成交量逐渐倾向于无线端，很多商家开始重视起无线端活动页的装修，再配合基本的运营手段，才能提升竞争力，提高店铺的曝光率，积累更多的人气。下面就来讲述无线端店铺活动页的装修。

10.3.1　无线端店铺活动页的主要功能

无线端店铺活动页的主要功能如下：

- 无线端店铺活动页是可以独立编辑的页面，大大方便了活动信息的同步。无线端店铺活动页是一个转化利器。
- 无线端店铺活动页实现了店铺页面之间的互通，增加了客户的访问深度。
- 无线端店铺活动页成为老客户营销的必备工具。

无线端店铺活动页装修案例如图 10-30 所示。

图 10-30　无线端店铺活动页装修案例

10.3.2　无线端店铺活动页的主要类型

无线端店铺活动页分为三类。

（1）单品推广需要的活动页面。该类型的活动页往往在打造热销核心单品时使用，它能做到三点：信息传达一致，突出唯一性；满足时间紧迫感的需要；适合单品强调卖点，突出设计，专区只为一个单品而设计。如图 10-31 所示为单品推广需要的活动页面。

（2）活动推广时使用的活动页面。一般有两个使用场景：一个是追求整体活动感觉而设计的活动专辑页面；另一个是大促时进行的独立页面设计。如图 10-32 所示为“6・18”大促推广时使用的活动页面。

（3）产品搭配推荐时使用的活动页面。在一个页面内，可以把商品根据客户的需要进行组合搭配，从而提高客单价。但在搭配时需要注意：的确是客户需要的搭配，不可为了搭配而搭配；产品陈列是为了迎合客户的使用习惯；考虑满减、优惠券等优惠方式，如图 10-33 所示。

图 10-31　单品推广需要的活动页面

图 10-32　“6 · 18”大促推广时使用的活动页面

图 10-33　产品搭配推荐时使用的活动页面

10.4 无线端店铺详情页装修

做好无线端店铺详情页描述，能增加宝贝的权重。很多店铺直接把 PC 端的描述缩小加入无线端描述里，这样就会导致整个描述页面很长。无线端访客在浏览详情页时，不像 PC 端那样会停留很长时间，如果加载速度很慢，就会导致跳失。切记不要把 PC 端的详情页默认上传到无线端。

10.4.1 无线端店铺详情页的优化原则

在无线时代来临之际，无线端店铺详情页变得越来越重要，我们需要比 PC 时代更重视无线端页面的装修设计。因为现在店铺的主要流量来源已经集中到无线端，所以无线端页面的转化情况就决定了一家店铺的成败。无线端店铺详情页的好坏将会决定一家店铺的生意如何。想要做好宝贝详情页，无论是 PC 端还是无线端都必须从客户和商品的实际情况入手，这样设计出来的页面才具有说服力，才能达到满意的浏览效果。无线端店铺详情页的优化原则如下。

（1）排版简洁明了。排版是不是方便消费者快速地阅读，将决定消费者会不会在我们的无线端页面上停留下来认真地看商品并促成成交。由于手机端屏幕有限，无法像 PC 端那样面面俱到，所以排版要简洁明了，可以采用拼接式的图片，既美观又简单。

（2）内容精简概要。内容的多少也是一个重要因素，因为无线端屏幕小，消费者一次性看到的内容比较少，这就要求我们将最优化的内容呈现给消费者，帮助其快速进行判断。内容需取 PC 端的精华，有无线端自己的特色，在字体方面也要格外注意。

（3）图片存储格式。详情页图片在切片时要存储为占用内存最小的格式，这样有利于缩短客户打开时长。

（4）突出产品的基本属性、产品本身的特点，找出产品在同类产品中较突出的优势。

（5）根据购买本类产品的消费人群的年龄段、浏览习惯、兴趣爱好等设计页面布局、页面色调等。

（6）还需要考虑消费者访问时的速度问题。如果访问速度很慢，则将造成不好的客户体验，跳失率就会很高。

10.4.2 无线端店铺详情页的特征

无线端店铺详情页有如下 4 个特征。

1. 场景

主要考虑到消费者在访问无线端页面时的场景。消费者可能会在车上、床上等场景下查看无线端页面，利用的也是休闲、碎片化时间，所以我们需要考虑在无线端店铺详情页上展现更多的场景，让客户更加快捷、简单地理解和认知产品。

2. 内容

PC 端的详情页设计思路更多的是希望把产品的各个方面展示出来，介绍得越详细、越清晰越好。大多数店铺都尽可能地在页面上添加了关联，中间又有不少的卖点展示，并使用多张图片多角度地展示产品，同时还会配上简洁、有力的底部文字描述和品牌介绍等。所以 PC 端的详情页普遍较长，且介绍得比较全面。

由于无线端的页面屏数受限，所以详情页展示就显得精简多了。如挑选产品最有力的卖点、产品属性（尺码和材质）、模特图、细节图等必要的展示元素，产品的细节文案也应该尽量压缩。而对于详情页的屏数要求，优秀的无线端店铺详情页一般是 4 页 10 屏。

3. 策略

因为在 PC 端消费者可以快速地切换页面，而在无线端则不是很方便，从而降低了可比性。所以，图片展示一定要清晰，使客户产生强烈的购买兴趣并促成成交。

4. 架构

无线端具有与 PC 端不同的架构设计方法。

在手机上浏览一个 Web 页面平均需要 9MB，如果没有 Wi-Fi，那么客户的流量成本就会很大。因此，我们在进行设计时需要特别注意以上几个方面。

10.4.3 无线端店铺详情页细节优化

细节决定成败，细节优化不好对于店铺整体装修的效果也是有很大影响的。特别是对于无线端店铺装修来说，细节更是一大关键因素。

无线端店铺详情页主要包括一个店铺活动、关联宝贝、优惠券及产品详情描述。其中，无线端店铺活动以自定义页面为落地页，可以设置店铺内部的活动，从店铺内部引流，进而提升整店的转化率。关联宝贝可以以搭配商品为主，提升客单价。

详情页的装修主要由产品主图、产品款式、产品价格、产品参数、品牌信息、物流售后信息等方面组成。产品主图可能会影响到整个店铺的销售业绩，一定要精心设计，如图 10-34 所示。在产品参数方面，尺寸、大小、材质等都是很重要的细节，一定要全方位地展示出来，让消费者尽可能全面地了解我们的产品，如图 10-35 所示。

图 10-34　产品主图

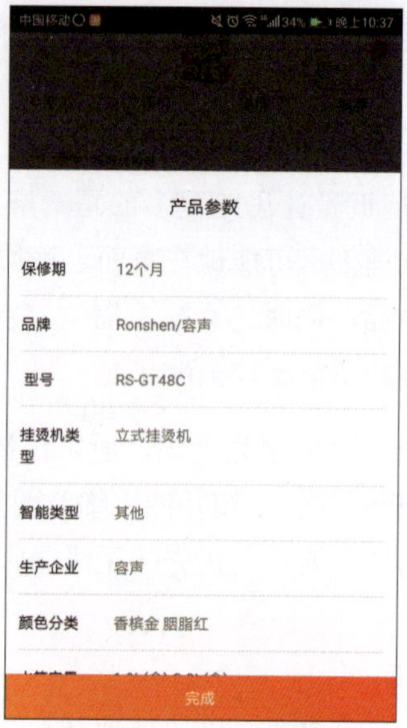

图 10-35　产品参数

还有就是图片和文案的设计问题。图片是否清晰美观、拍摄的角度是否能够突出产品特色，文案的设计是否合理，都对店铺的销售业绩有所影响。因此，我们应尽可能做到版面条理、整洁，如图 10-36 所示。

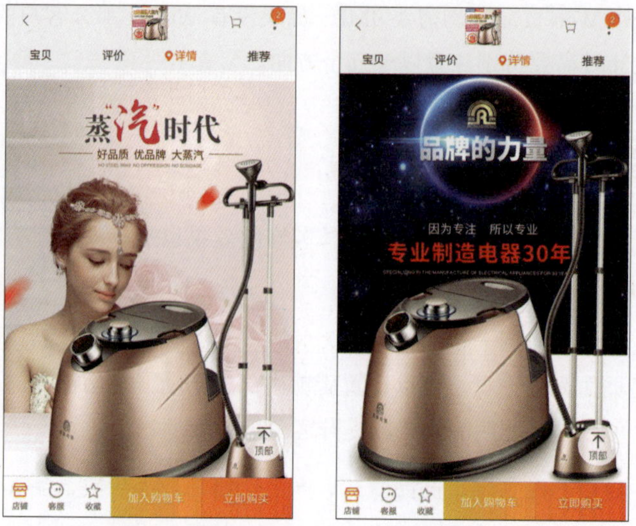

图 10-36　图片和文案的设计